AULA 1

NUEVA EDICIÓN

Jaime Corpas
Eva García
Agustín Garmendia

Coordinación pedagógica
Neus Sans

¡BIENVENIDOS A LA AVENTURA DE APRENDER ESPAÑOL EN ESPAÑA!

DURANTE LAS PRÓXIMAS SEMANAS VAS A...

aprender muchas palabras nuevas, vas a **leer** textos interesantes, **escuchar** conversaciones, **hacer** actividades, **ver** vídeos...

PERO, ADEMÁS, VAS A VIVIR UNA AVENTURA PERSONAL:

vas a **conocer** a nuevos compañeros y a profesores, vas a **vivir** en un pueblo o una ciudad española, vas a **visitar** museos, **hacer** excursiones, **ir** a la playa, **comer** en restaurantes o en casas de españoles, **ver** la tele, **escuchar** la radio, **pasear**...

Y TODO ESTO... ¡EN ESPAÑOL!

¡APROVECHA PARA HABLAR, LEER, ESCUCHAR Y VIVIR EN ESPAÑOL!

ENGLISH

WELCOME TO THE ADVENTURE OF LEARNING SPANISH IN SPAIN! Over the next few weeks, you are going to learn many new words, read fascinating texts, listen to conversations, take part in activities, watch videos... and all this in Spanish. Yet you are also going on a personal adventure: you are going to meet new classmates and teachers, live in a Spanish town or city, visit museums, take trips, go to the beach, eat at restaurants or local homes, watch the television, listen to the radio, take walks... Use this time to speak, read, listen and live in Spanish! **AULA: YOU ARE THE STAR** Aula Nueva Edición is your manual. Yet what makes it a book specially designed for you? Because it understands that you are in Spain and nowhere else. Because it takes your needs into consideration: you will learn to speak about your likes and dislikes, your life, your world... and all this in Spanish! Because it will help you communicate in Spanish right from the start. Because it will help you better understand the texts, discover grammar and lexicon, find the answers to your questions and build up your knowledge of Spanish.

DEUTSCH

WILLKOMMEN BEI DEM ABENTEUER SPANISCHLERNEN IN SPANIEN! Während der nächsten Wochen werden Sie viele neue Wörter lernen, interessante Texte lesen, Gespräche hören, unterschiedliche Tätigkeiten unternehmen, sich Videos ansehen... und all das auf Spanisch. Sie werden zusätzlich noch ein anderes, ganz persönliches Abenteuer erleben: Sie werden neue Mitschüler kennenlernen, in einem spanischen Ort leben, Museen besichtigen, Ausflüge machen, an den Strand gehen, in Restaurants oder bei Spaniern zu Hause essen, fernsehen, Radio hören, spazieren gehen... Nutzen Sie diese Gelegenheiten, um Spanisch zu sprechen, lesen, hören und zu (er)leben! **AULA: SIE SIND DER PROTAGONIST** Aula Neue Ausgabe ist Ihr Kursbuch, aber: woran erkennt man, dass es speziell für Sie konzipiert wurde? Weil es für den Lerner in Spanien gedacht ist. Weil es Ihre ganz besonderen Bedürfnisse berücksichtigt: Sie lernen, über Ihre eigene Vorlieben, Ihr Leben, Ihre Welt zu sprechen – und zwar auf Spanisch! Weil es Ihnen in den ersten Tagen im neuen Land unter die Arme greift und Ihnen Kommunikationshilfen bietet. Weil es Sie dabei unterstützt, Texte besser zu verstehen, Grammatik und Wortschatz zu entdecken, Antworten auf Ihre Fragen zu finden und Ihre Spanischkenntnisse sinnvoll aufzubauen.

ITALIANO

BENVENUTI NELL'AVVENTURA DELL'APPRENDIMENTO DELLO SPAGNOLO IN SPAGNA! Nelle prossime settimane imparerai molte parole nuove, leggerai testi interessanti, ascolterai conversazioni, svolgerai attività, vedrai video... e tutto questo, in spagnolo. Ma vivrai anche un'avventura personale: conoscerai nuovi compagni e professori, vivrai in un paese o una città spagnola, visiterai musei, farai gite, andrai al mare, mangerai in ristoranti o in casa di spagnoli, guarderai la televisione, ascolterai la radio, farai passeggiate... Approfittane per parlare, leggere, ascoltare e vivere in spagnolo! **AULA: IL PROTAGONISTA SEI TU** Aula Nueva Edición è il tuo manuale, ma... perché è un libro appositamente pensato per te? Perché prende in considerazione il fatto che sei in Spagna e non in un altro luogo. Perché prende in considerazione le tue esigenze: imparerai a parlare dei tuoi gusti, della tua vita, del tuo mondo... e tutto questo, in spagnolo! Perché ti aiuterà a comunicare in spagnolo fin dai primi giorni. Perché ti aiuterà a capire meglio i testi, a scoprire la grammatica e il lessico, a trovare le risposte alle tue domande e a costruire la tua conoscenza dello spagnolo.

FRANÇAIS

BIENVENUS À CETTE AVENTURE : APPRENDRE L'ESPAGNOL EN ESPAGNE ! Au cours des prochaines semaines, vous allez apprendre des mots nouveaux, vous allez lire des textes intéressants, écouter des conversations, faire des activités, voir des vidéos... et tout ça, en espagnol. De plus, vous allez vivre une aventure personnelle ; vous allez faire de nouvelles connaissances et connaître des professeurs, vous allez vivre dans un village ou une ville espagnole, vous allez visiter des musées, faire des randonnées, aller à la plage, manger au restaurant ou chez des Espagnols, regarder la télévision, écouter la radio, vous promener...Profitez-en pour parler, lire, écouter et vivre en espagnol ! **AULA : VOUS ÊTES LE PROTAGONISTE** Aula Nueva edición, c'est votre livre d'apprentissage, mais... Pourquoi est-ce un livre tout spécialement conçu pour vous ? Parce qu'il tient compte que vous êtes en Espagne et nulle part ailleurs. Parce qu'il tient compte de vos besoins : vous allez apprendre à parler de ce qui vous plaît, de votre vie, de votre monde... et tout ça, en espagnol ! Parce qu'il va vous aider à communiquer en espagnol dès le début. Parce qu'il va vous aider à mieux comprendre les textes, à découvrir la grammaire et le vocabulaire, à trouver les réponses à vos questions et à construire votre connaissance de l'espagnol.

AULA:
TÚ ERES EL PROTAGONISTA

Aula Nueva edición es tu manual, pero... ¿por qué es un libro especialmente pensado para ti? Porque tiene en cuenta que **estás en España** y no en otro lugar. Porque tiene en cuenta **tus necesidades**: vas a aprender a hablar de **tus gustos**, de **tu vida**, de **tu mundo**... ¡y todo eso en español! Porque te va a ayudar a **comunicarte en español** desde los primeros días. Porque te va ayudar a **entender mejor los textos**, a **descubrir la gramática y el léxico**, a encontrar las respuestas a tus preguntas y a **construir tu conocimiento** del español.

PORTUGUÊS

BEM VINDOS À AVENTURA DE APRENDER ESPANHOL NA ESPANHA! Durante as próximas semanas você irá aprender muitas palavras novas, irá ler textos interessantes, escutar conversações, realizar atividades, ver vídeos... e tudo isso, em espanhol! Mas, além disso, irá viver uma aventura pessoal: irá conhecer novos companheiros e professores, irá viver em um povoado ou uma cidade espanhola, irá visitar museus, fazer excursões, ir à praia, comer em restaurantes ou em casas de espanhóis, ver televisão, escutar rádio, passear... Aproveite para falar, ler, escutar e viver em espanhol! **AULA: VOCÊ É O PROTAGONISTA** Aula Nueva edición é seu manual, mas... por que é um livro especialmente pensado para você? Porque leva em consideração que você está na Espanha e não em outro lugar. Porque considera suas necessidades: você irá aprender a falar de seus gostos, sua vida, seu mundo... ! E tudo isso em espanhol! Porque irá ajudar você a se comunicar em espanhol desde os primeiros dias. Porque te ajudará a entender melhor os textos, a descobrir a gramática e o léxico, a encontrar as respostas para suas perguntas e a construir seu conhecimento do espanhol.

日本の

皆さんスペインへようこそ、そしてスペイン語を学ぶ冒険へようこそ！！ これからの数週間、新しい言葉を覚えていくことになります。大変おもしろいスペイン語の原文などを読んでいきます。彼らのはなす会話を聞き、いろいろな活動を行い、ビデオも全てスペイン語の原文です。これらの学習以外に、この期間はあなな自身にとっての貴重な経験になることでしょう。新しいクラスメートや先生を知ること、スペインの村や町に住むこと、また美術館などを訪れること、そして遠足などにも出かけること、すべてが貴重な経験となることでしょう。そして海へ行ったり、レストランやスペイン人の家庭で食事をしたり、テレビを見たり、ラジオを聞いたり、散歩などをすること、大きな経験です。スペイン語で話したり、聞いたりすることを有効に活用しましょう！ AULAでは、あなたが主人公です。 AULA NUEVAは、あなたが外国語を学ぶためのマニュアルになります。何故あなたに適切な本かといえば、あなたがスペインにいることを前提にしているからです。他国にいることでの必要性を考慮しています。スペイン語で自分の趣味を語れるようになり、そして自分の人生について語れるようになり、同時に自分の世界について語れるようになります。はじめからスペイン語でコミュニケーションできるようになります。文章をよりよく理解出来るようにヘルプします。文法や言葉をより簡単に理解する事が出来るでしょう。そして、疑問に思った事などに対して、回答を見つけることが出来、スペイン語に対しての知識を増やすことが可能になります。

РУССКИЙ

ДОБРО ПОЖАЛОВАТЬ, СЕЙЧАС НАЧНЕТСЯ ТВОЕ ПРИКЛЮЧЕНИЕ, ТЫ БУДЕШЬ УЧИТЬ ИСПАНСКИЙ В ИСПАНИИ! В ближайшие недели ты выучишь много новых слов, будешь читать интересные тексты, слушать диалоги, выполнять разные задания, смотреть видео… и все это по-испански. Но еще это будет твое личное приключение: ты познакомишься с другими студентами и преподавателями, поживешь в испанском городе, будешь ходить в музеи и на экскурсии, отдыхать на пляже, есть в ресторанах или дома у испанцев, смотреть телевизор, слушать радио, гулять… Пользуйся возможностью говорить, читать, слушать и жить по-испански! AULA: ТЫ - ГЛАВНОЕ ДЕЙСТВУЮЩЕЕ ЛИЦО Aula Nueva edición - это твой учебник… но почему это учебник именно для тебя? Потому что он учитывает, что ты находишься в Испании, а не в другом месте. Потому что в нем есть то, что нужно именно тебе: ты научишься говорить о том, что тебе нравится, о своей жизни, о своем мире… и все это по-испански! Потому что он поможет тебе общаться по-испански с первого дня. Потому что он поможет тебе лучше понимать тексты, познакомиться с грамматикой и лексикой, найти ответы на твои вопросы и выучить испанский язык.

中国的

欢迎大家来到学习西班牙语的冒险殿堂！ 在未来几周的时间里。你会学到许多新词，也会读到一些有趣的文章，聆听对话，做活动，观看视频等...所有这些活动都是以西班牙语来进行。但是除此之外，你还会开启一个生活历险记：你会遇到新的同学和老师，你将生活在西班牙的小村小镇或是城里，你也会有机会参观博物馆，郊游，到海边走走，在餐馆吃饭或是拜访西班牙朋友的家里，看电视，听收音机，散步等...你将借着这些机会在西班牙生活，练习说西班牙语，阅读，以及聆听西班牙语！ 课堂：你是主角 新版的¨课堂¨一书是你语言学习的实用手册。然而，为什么我们会说这是一本为你量身定制的语言手册呢？因为你现在正在西班牙，而不是别的地方。还有这本书考虑到你的需求：你将会学习到如何表达你的嗜好，你的生活，你周遭的一切等等...所有这些活动和内容都是以西班牙语表达！因为我们会帮助你从一开始上课的前几天就学会以西班牙语来对外沟通。 因为只有这样才会帮助你更好地理解课文，发现语法和词汇的世界，寻找问题的答案，并借以逐步建立自己的西班牙语知识。

YO EN ESPAÑA

MI DIRECCIÓN

Anota dónde vives.

MI ESCUELA

Escribe esta información sobre tu escuela.

Nombre: ....

Dirección: ....

Teléfono: .... Página web: ....

Correo electrónico ....

MI CLASE

Escribe esta información sobre tu clase.

Nombre de mi profesor / mis profesores:

Mi aula:

Mi horario:

	LUNES	MARTES	MIÉRCOLES	JUEVES	VIERNES	SÁBADO	DOMINGO
MAÑANA							
MEDIODÍA							
TARDE							

MIS COMPAÑEROS Y MIS AMIGOS EN ESPAÑA

Anota la información de tus compañeros de clase y de otras personas que conozcas en España.

NOMBRE	TELÉFONO	CORREO ELECTRÓNICO

MI CIUDAD

Pega aquí un mapa de la ciudad donde estás aprendiendo español y señala tu casa y tu escuela.

LAS RECOMENDACIONES DE MI PROFE

Habla con tu profesor. ¿Qué te recomienda?

Un lugar para visitar: ....

Dos películas: ....

Tres libros: ....

Cuatro páginas de internet: ....

UNA WEB PARA APRENDER MÁS

CAMPUS.DIFUSION.COM

MI DIARIO EN ESPAÑA

MIS EXPERIENCIAS EN ESPAÑA

Escribe aquí las cosas que quieres recordar.

MIS DESCUBRIMIENTOS

Escribe las cosas que te sorprenden, que te gustan, que descubres...

Comidas:

Bebidas:

Lugares:

Locales para salir:

Viajes / excursiones:

Fiestas:

Costumbres:

Otros:

MIS RECUERDOS

Pega aquí los documentos (fotos, tarjetas de bares o restaurantes, folletos, entradas de museos, etc.) más representativos de tu estancia en España.

CÓMO ES
AULA NUEVA EDICIÓN

Aula nació con la ilusión de ofrecer una herramienta moderna, eficaz y manejable con la que llevar al aula de español los enfoques comunicativos más avanzados. La respuesta fue muy favorable: miles de profesores han confiado en este manual y muchos cientos de miles de alumnos lo han usado en todo el mundo. **Aula Nueva edición** es una rigurosa actualización de esa propuesta: un manual que mantiene el espíritu inicial, pero que recoge las sugerencias de los usuarios, que renueva su lenguaje gráfico y que incorpora las nuevas tecnologías de la información. Gracias por seguir confiando en nosotros.

5

TUS AMIGOS SON MIS AMIGOS

EN ESTA UNIDAD VAMOS A

PRESENTAR Y A DESCRIBIR A UNA PERSONA

RECURSOS COMUNICATIVOS
- hablar del aspecto y del carácter
- expresar y contrastar gustos e intereses
- preguntar sobre gustos
- hablar de relaciones personales

RECURSOS GRAMATICALES
- el verbo **gustar**
- los cuantificadores (**muy**, **bastante**, **un poco**)
- los posesivos
- **también** / **tampoco**

RECURSOS LÉXICOS
- la familia
- adjetivos de carácter
- música

EMPEZAR

1. LAS FOTOS DE MARCELO

A. Mira las fotos de Marcelo. ¿Qué crees que significan estas palabras?

amigo | sobrina | hermano | hermana | padre | compañeros

B. ¿Cómo se llama tu mejor amigo o amiga? ¿Y tus padres? ¿Tienes alguna foto para enseñar a la clase?

- *Esta es Beate, mi mejor amiga...*

Mis fotos

Con mi amigo Carlos y su novia.

De excursión con mi hermano.

Con mi sobrina Ana en la playa.

Con mi hermana Laura en el Pirineo.

Con mi padre en Sevilla.

Con mis compañeros de clase en Dublín.

58 | cincuenta y ocho

cincuenta y nueve | 59

EMPEZAR

En esta primera doble página de la unidad se explica qué tarea van a realizar los estudiantes y qué recursos comunicativos, gramaticales y léxicos van a incorporar. Los alumnos entran en la temática de la unidad con una actividad que les ayuda a activar sus conocimientos previos y les permite tomar contacto con el léxico de la unidad.

COMPRENDER

En esta doble página se presentan textos y documentos muy variados (páginas web, correos electrónicos, artículos periodísticos, folletos, tests, anuncios, etc.) que contextualizan los contenidos lingüísticos y comunicativos básicos de la unidad. Frente a ellos, los estudiantes desarrollan fundamentalmente actividades de comprensión.

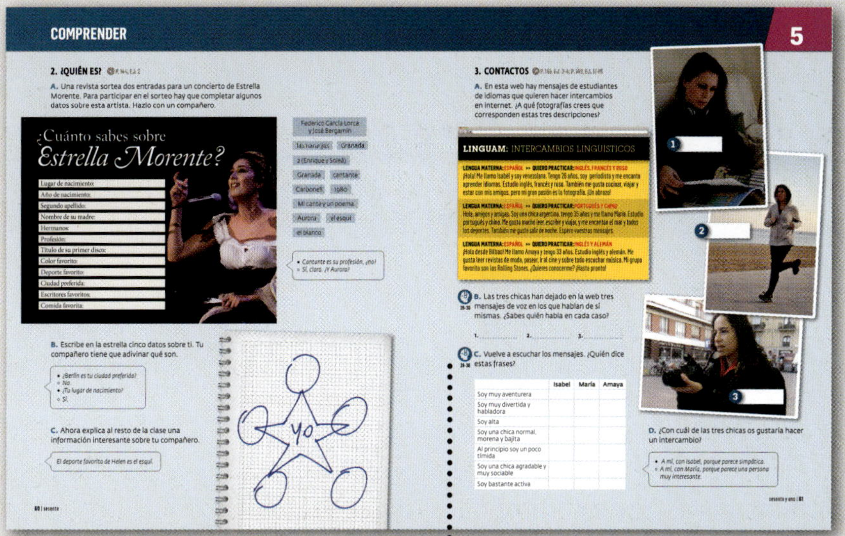

Este icono indica en qué actividades hay un **documento auditivo**.

28-30

Esta referencia indica qué ejercicios de la sección *Más ejercicios* están más relacionados con cada actividad.

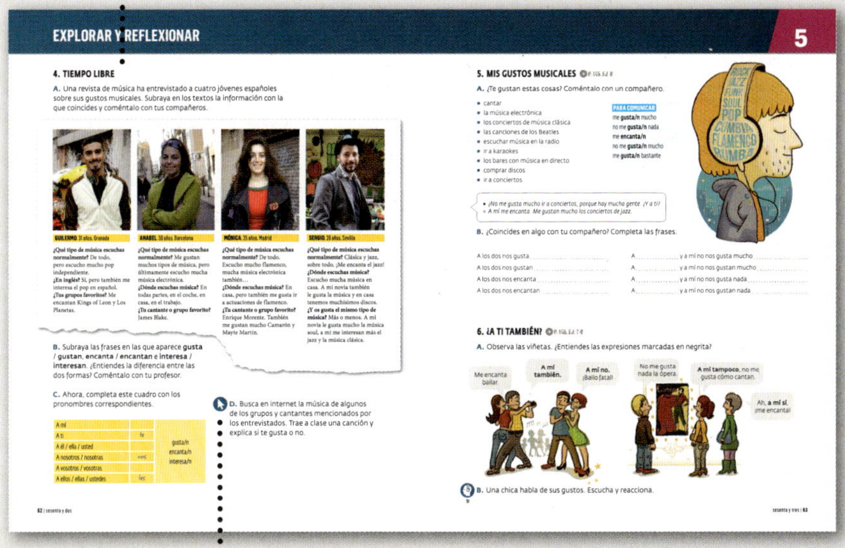

EXPLORAR Y REFLEXIONAR

En estas cuatro páginas los estudiantes realizan un trabajo activo de observación de la lengua –a partir de muestras o de pequeños corpus– y practican de forma guiada lo aprendido.

Los estudiantes descubren así el funcionamiento de la lengua en sus diferentes niveles (morfológico, léxico, funcional, discursivo, etc.) y refuerzan su conocimiento explícito de la gramática.

Este icono indica en qué actividades el estudiante puede usar **internet**.

En la última página de esta sección se presentan esquemas gramaticales y funcionales a modo de consulta. Con ellos se persigue la claridad, sin renunciar a una aproximación comunicativa y de uso a la gramática.

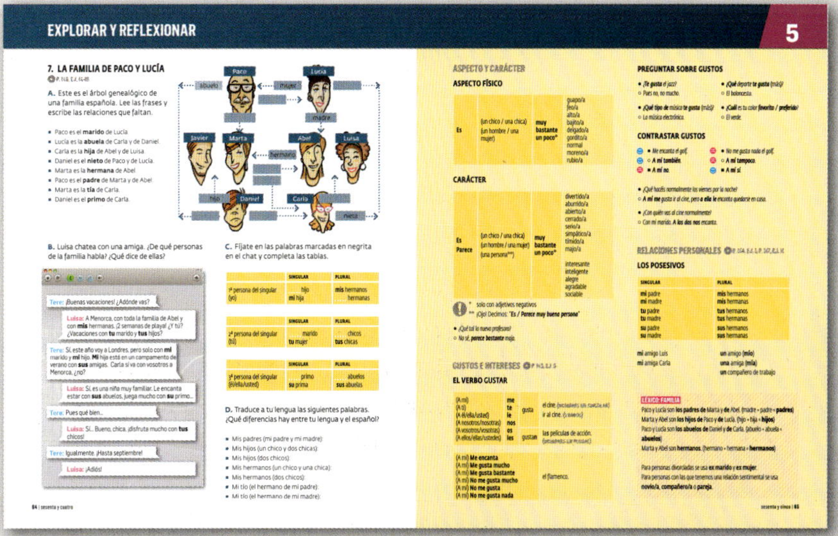

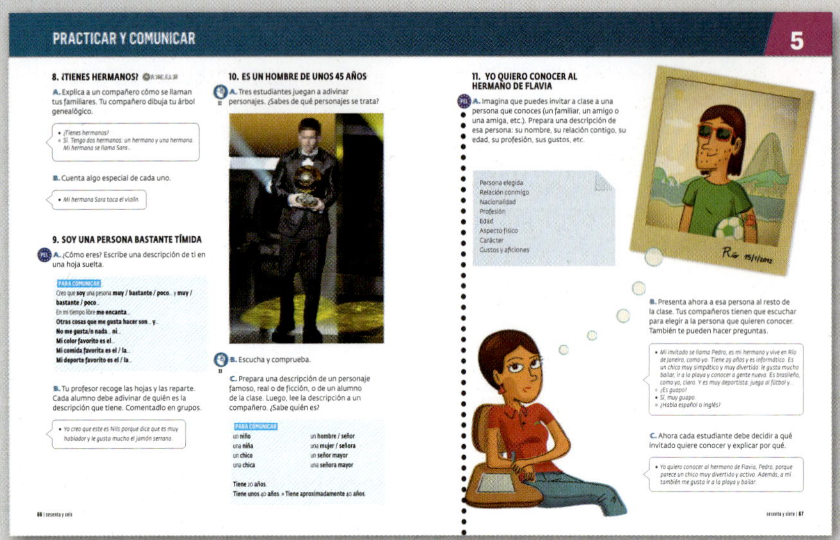

PRACTICAR Y COMUNICAR

Esta sección está dedicada a la práctica lingüística y comunicativa, e incluye propuestas de trabajo muy variadas.

El objetivo es que los estudiantes experimenten el funcionamiento de la lengua a través de microtareas comunicativas en las que se practican los contenidos presentados en la unidad. Muchas de las actividades están basadas en la experiencia del alumno: sus observaciones y su percepción del entorno se convierten en material de reflexión intercultural y en un potente estímulo para la interacción comunicativa en el aula. Al final de esta sección, se proponen una o varias tareas que implican diversas destrezas y que se concretan en un producto final escrito u oral que el estudiante puede incorporar al Portfolio.

Este icono indica algunas actividades que podrían ser incorporadas al **portfolio** del estudiante.

Actividad de vídeo. Cada unidad cuenta con un vídeo, de formatos diversos, concebido para desarrollar la comprensión audiovisual de los estudiantes.

VIAJAR

La última sección de cada unidad incluye materiales que ayudan al alumno a comprender mejor la realidad cotidiana y cultural de los países de habla hispana.

En construcción. Actividad final de reflexión en la que el estudiante recoge lo más importante de la unidad.

El libro se completa con:

MÁS EJERCICIOS

Seis páginas de ejercicios por unidad. En este apartado se proponen nuevas actividades de práctica formal que estimulan la fijación de los aspectos lingüísticos de la unidad. Los ejercicios están diseñados de modo que los alumnos los puedan realizar de forma autónoma, aunque también se pueden utilizar en la clase para ejercitar aspectos gramaticales y léxicos de la secuencia.

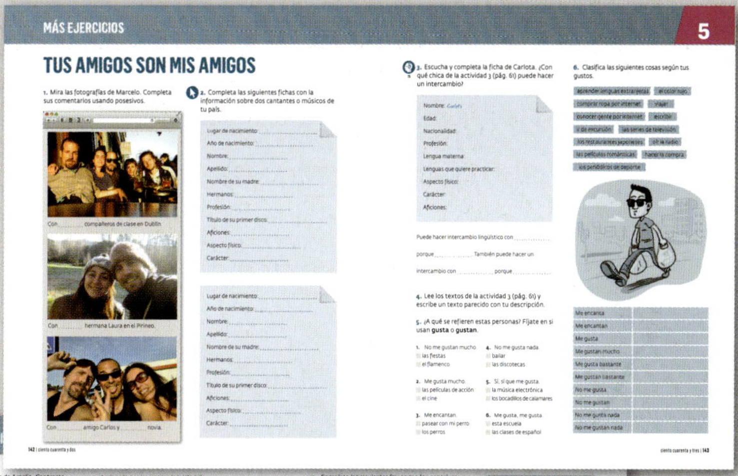

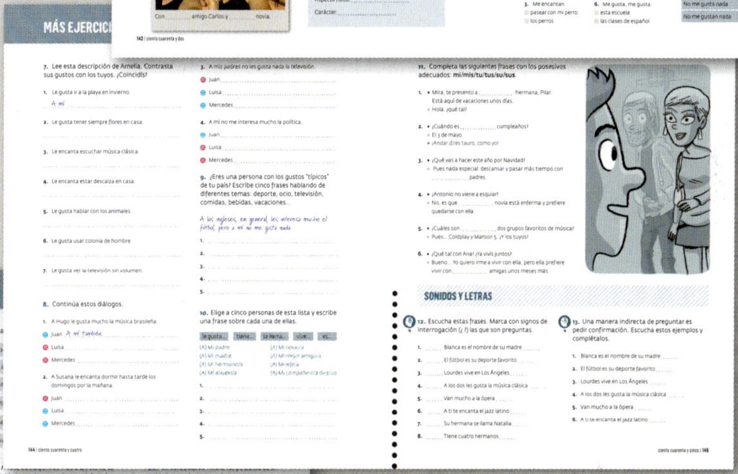

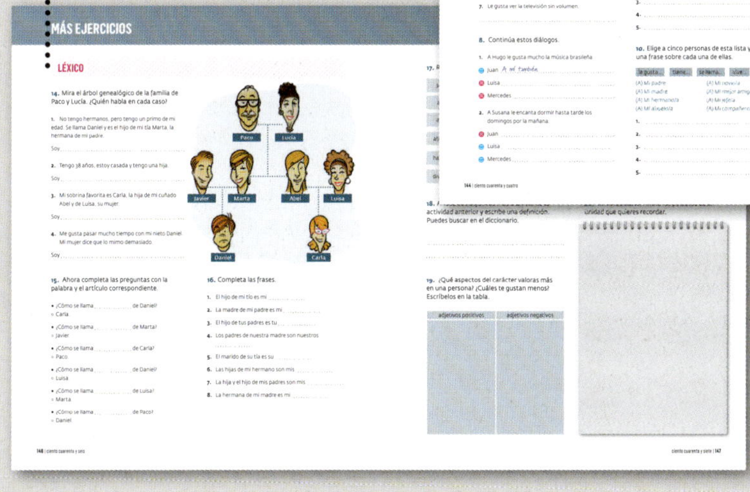

"Léxico", un apartado con ejercicios para practicar el léxico de la unidad.

"Sonidos y letras", un apartado con ejercicios de entonación y pronunciación.

AULA.DIFUSION.COM

Vídeos
Audios
Actividades para practicar los contenidos de cada unidad
Evaluaciones autocorregibles
Glosarios
Transcripciones
Soluciones de las actividades de Más ejercicios

0 EN EL AULA

EN ESTA UNIDAD VAMOS A

APRENDER A PRESENTARNOS, A PREGUNTAR COSAS EN CLASE Y A SALUDAR Y DESPEDIRNOS

1. ME LLAMO ANDERSON. ¿Y TÚ?

A. Preséntate a tus compañeros.

- *Hola, me llamo Anderson. ¿Y tú? ¿Cómo te llamas?*
- *Me llamo Giovanna.*

B. Ahora escribe tu nombre en un papel y ponlo encima de la mesa.

2. SONIDOS

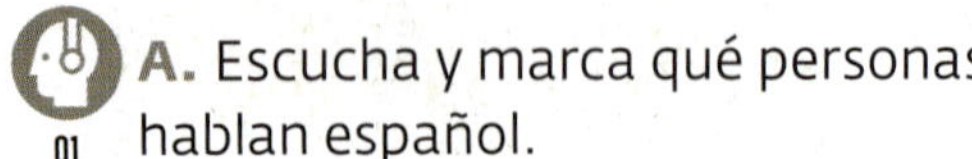

01 **A.** Escucha y marca qué personas hablan español.

	HABLA ESPAÑOL	OTRAS LENGUAS
1		
2		
3		
4		
5		
6		
7		
8		
9		

02 **B.** Vuelve a escuchar los diálogos en español. ¿Entiendes alguno?

3. HOLA, ¿QUÉ TAL?

03 Vas a escuchar estos saludos y despedidas. Escribe al lado el número según el orden en que los escuchas.

1	uno
2	dos
3	tres
4	cuatro
5	cinco
6	seis
7	siete
8	ocho
9	nueve
10	diez

SALUDOS
¿Cómo estás?
¿Qué tal?
Buenos días
Buenas noches
Hola
Buenas tardes
DESPEDIDAS
¡Hasta pronto!
Chau
¡Hasta luego!
¡Adiós!

4. ¿QUÉ SIGNIFICA "VALE"?

¿Entiendes estas frases?

1 NOSOTROS

EMPEZAR

1. PALABRAS EN ESPAÑOL

Mira las fotografías. ¿Qué palabras entiendes? Márcalas.

EN ESTA UNIDAD VAMOS A

CONOCER A LOS COMPAÑEROS DE CLASE

RECURSOS COMUNICATIVOS

- dar y pedir datos personales
- saludar y despedirse
- recursos para preguntar sobre las palabras

RECURSOS GRAMATICALES

- el género
- las tres conjugaciones: **-ar**, **-er**, **-ir**
- los verbos **ser**, **tener** y **llamarse**

RECURSOS LÉXICOS

- los números
- nacionalidades
- profesiones
- el abecedario

2. ESTUDIANTES DE ESPAÑOL + P. 120, EJ. 2-4

A. Todas estas personas estudian español excepto una. ¿Quién?

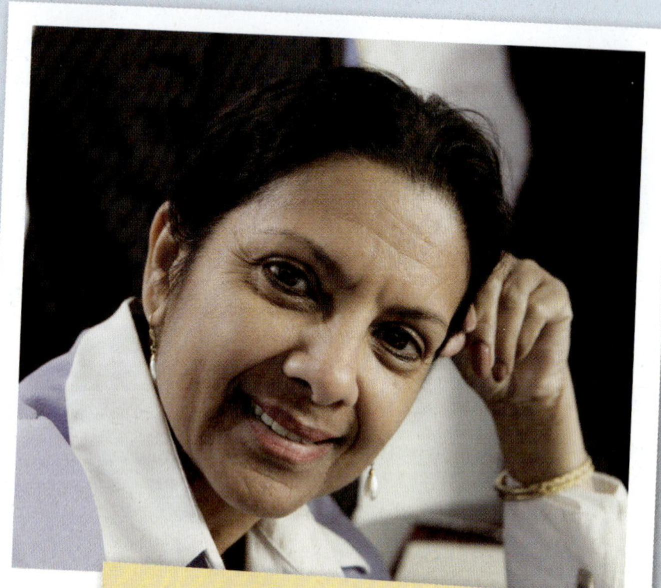

Me llamo Ayesha y soy inglesa. Soy empresaria. Tengo una empresa de informática.

Hola, soy Gibson. Soy brasileño y trabajo de cocinero.

Me llamo Ulrich. Soy alemán y soy estudiante de arquitectura.

Me llamo Frida. Soy sueca y trabajo en una agencia de viajes.

Hola, mi nombre es Ana.
Soy argentina y soy profesora de español.

Hola, soy Paola.
Soy italiana, de Milán.
Soy periodista.

B. Completa las fichas de los estudiantes.

1
Nombre: Paula
Nacionalidad: italiana
Profesión: Periodista

2
Nombre: Ayesha
Nacionalidad: Inglesa
Profesión: empresaria

3
Nombre: Gibson
Nacionalidad: brasileño
Profesión: cocinero

4
Nombre: Ulrich
Nacionalidad: alemán
Profesión: estudiante de arquitectura

5
Nombre: Frida
Nacionalidad: Sueca
Profesión: trabaja en una agencia de viajes

C. Completa tu ficha. Luego, preséntate.

Nombre: ....
Nacionalidad: ....
Profesión: ....

- *Hola, me llamo Paul, soy inglés y soy traductor.*

3. ¿CÓMO SE DICE?

04 **A.** Escucha las letras del alfabeto y repite.

A	a	**A**lberto
B	be	**B**uenos Aires
C	ce	**C**uba
D	de	**D**iego
E	e	**E**lena
F	efe	**F**ederico
G	ge	**G**arcía
H	hache	**H**onduras
I	i	**I**gnacio
J	jota	**J**avier
K	ca	**K**enia
L	ele	**L**uis
M	eme	**M**aría
N	ene	**N**atalia
Ñ	eñe	Espa**ñ**a
O	o	**Ó**scar
P	pe	**P**érez
Q	cu	**Q**uito
R	erre	**R**amón
S	ese	**S**ara
T	te	**T**eresa
U	u	**U**ruguay
V	uve	**V**enezuela
W	uve doble	**W**alter
X	equis	Ále**x**
Y	i griega	**Y**alta
Z	ceta	**Z**aragoza

B. ¿Qué palabras de la tabla anterior son países o ciudades?

C. Tu profesor va a decir una letra. Si tu nombre empieza por esa letra, dilo y deletréalo.

- *Ese.*
- *¡Yo! Susan: ese, u, ese, a, ene.*

4. LAS COSAS DE LA CLASE

¿Conocéis los nombres de las cosas de la clase? En parejas, encontrad los nombres de estos objetos.

tele | silla | proyector | papelera
bolígrafo | ordenador | cuaderno | pizarra
mesa | libro | mochila | hoja de papel

- *¿Cómo se dice esto en español?*
- *Pizarra.*

- *¿Qué significa "ordenador"?*
- 'Computer'.

- *¿Cómo se pronuncia "pizarra"?*

PARA COMUNICAR

¿**Cómo se dice** esto **en español**?
¿**Qué significa** "ordenador"?
¿**Cómo se pronuncia** "pizarra"?

5. LETRAS Y SONIDOS + P. 124, EJ. 14-15

05 **A.** Escucha las siguientes palabras y escríbelas en la columna correspondiente según el sonido de las letras en negrita.

- **ce**ro
- **co**mida
- **co**lección
- **Za**ragoza
- **ci**ncuenta
- **ca**marero
- **ci**ne
- **qui**lo
- **ci**nco
- **cu**enta
- **ca**ntar
- **qué**
- **zu**mo
- **zo**o

/k/ como **c**asa	/θ/ o /s/ como pi**z**arra
Comida	cero
Colleccion	Zaragoza
camarero	cincuenta
quilo	cine
cuenta	cinco
cantar	zumo
qué	zoo

06 **B.** Haz lo mismo con las siguientes palabras.

- **gi**mnasio
- **ju**gar
- **gue**rra
- **Ji**ménez
- **gu**sto
- **ga**s
- **ja**món
- **je**fe
- bilin**güe**
- **go**l
- **gui**tarra
- **ge**neral
- **jo**ven
- pin**güi**no

/x/ como **j**amón	/g/ como **g**ato
gimnasio	guerra
jugar	gusto
Jiménez	gas
jamon	bilingüe
jefe	gol
general	guitarra
joven	pingüino

6. AFICIONES + P. 123, EJ. 13

A. Aquí tienes una lista de aficiones. Relaciónalas con la imagen correspondiente.

1. cocinar I
2. ver la tele C
3. esquiar F
4. ir al gimnasio A
5. cantar B
6. bailar K
7. leer H
8. el fútbol D
9. viajar G
10. escribir H
11. el tenis L
12. tocar la guitarra J

B. Subraya los verbos de la lista anterior. ¿De qué tres formas pueden terminar los verbos?

....

C. ¿Qué aficiones tienes tú?

- *Yo, cocinar y el fútbol.*
- *Yo, leer.*

Yo cocinar y el tenis

7. EN LA RECEPCIÓN

P. 122, EJ. 10; P. 123, EJ. 12; P. 125, EJ. 19-20

07-09 **A.** En la recepción de una escuela de español de Madrid, tres estudiantes dan sus datos personales. Escucha y completa.

Barbara

barbara5@mail.com

enfermera

brasileño

675312908

913490025

19 27

07-09 **B.** Ahora vuelve a escuchar. ¿Sabes para qué sirven las siguientes preguntas?

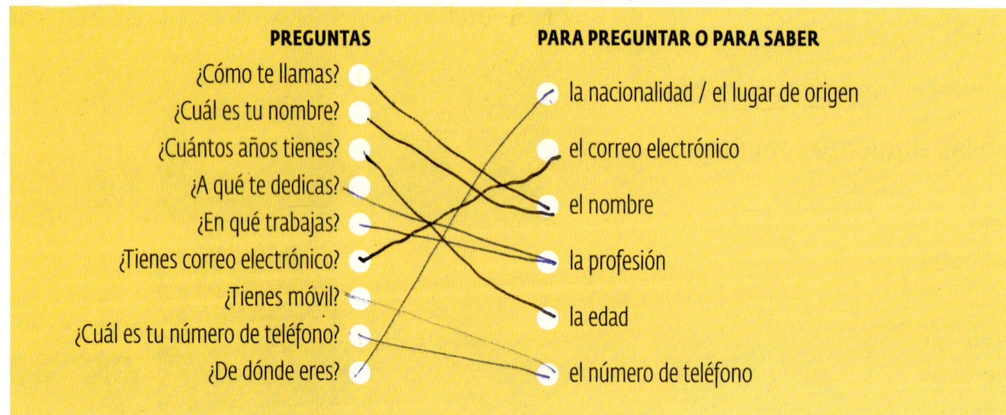

PREGUNTAS
¿Cómo te llamas?
¿Cuál es tu nombre?
¿Cuántos años tienes?
¿A qué te dedicas?
¿En qué trabajas?
¿Tienes correo electrónico?
¿Tienes móvil?
¿Cuál es tu número de teléfono?
¿De dónde eres?
PARA PREGUNTAR O PARA SABER
la nacionalidad / el lugar de origen
el correo electrónico
el nombre
la profesión
la edad
el número de teléfono

8. SOMOS FAMOSOS

P. 121, EJ. 6; P. 122, EJ. 7

A. Imagina que eres un famoso. Completa la ficha con tus datos. Puedes buscar información en internet.

B. En parejas, vais a hacer preguntas a vuestro compañero para completar su ficha.

C. Presenta a tu compañero famoso a los demás alumnos de la clase.

- *Se llama Roberto Benigni. Es un actor y director italiano. Tiene 62 años.*

ABECEDARIO

A	a	**H**	hache	**Ñ**	eñe	**U**	u
B	be	**I**	i	**O**	o	**V**	uve
C	ce	**J**	jota	**P**	pe	**W**	uve doble
D	de	**K**	ca	**Q**	cu	**X**	equis
E	e	**L**	ele	**R**	erre	**Y**	i griega
F	efe	**M**	eme	**S**	ese	**Z**	ceta
G	ge	**N**	ene	**T**	te		

DATOS PERSONALES

- ***¿Cómo te llamas/se llama?***
- ○ (***Me llamo***) *Daniel.*

- ***¿Cuál es tu/su nombre?***
- ○ *Daniel.*
- ***¿Cuál es tu/su apellido?***
- ○ *Vigny.*

- ***¿De dónde eres/es?***
- ○ ***Soy*** *alemán.*
  (***Soy***) ***de*** *Berlín.*

- ***¿Eres/Es francesa?***
- ○ ***Sí,*** (***soy***) ***de*** *París.*
  No, soy *italiana.*

- ***¿Cuántos años tienes/tiene?***
- ○ *23.*
  Tengo *23* ***años.***

- ***¿Tienes/tiene*** *móvil?*
- ○ ***Sí, es el*** *627629047.*

- ***¿Tienes/tiene*** *correo electrónico?*
- ○ ***Sí,*** *pedro86@aula.com.*

- ***¿En qué trabajas/trabaja?***
- ○ ***Soy*** *profesor.*

- ***¿A qué te dedicas/se dedica?***
- ○ ***Trabajo en*** *un banco.*
  Trabajo de *camarero.*

NÚMEROS P. 122, EJ. 8-9

0 **cero**
1 **uno**
2 **dos**
3 **tres**
4 **cuatro**
5 **cinco**
6 **seis**
7 **siete**
8 **ocho**
9 **nueve**
10 **diez**
11 **once**
12 **doce**
13 **trece**
14 **catorce**
15 **quince**
16 **dieciséis**
17 **diecisiete**
18 **dieciocho**
19 **diecinueve**
20 **veinte**
21 veintiuno
22 veintidós
23 veintitrés
24 veinticuatro
25 veinticinco
26 veintiséis
27 veintisiete
28 veintiocho
29 veintinueve
30 **treinta**
31 treinta **y** uno
32 treinta **y** dos
33 treinta **y** tres
34 treinta **y** cuatro
35 treinta **y** cinco
36 treinta **y** seis
37 treinta **y** siete
38 treinta **y** ocho
39 treinta **y** nueve
40 **cuarenta**
50 **cincuenta**
60 **sesenta**
70 **setenta**
80 **ochenta**
90 **noventa**
99 noventa **y** nueve
100 **cien**

SALUDAR Y DESPEDIRSE

Buenos días.
Buenas tardes.
Buenas noches.

¡Hola!
Hola, ¿qué tal?

¡Adiós!
¡Hasta luego!

EL GÉNERO P. 121, EJ. 5

EN LAS NACIONALIDADES

MASCULINO	FEMENINO	MASCULINO Y FEMENINO
-o	**-a**	belg**a**
italian**o** brasileñ**o**	italian**a** brasileñ**a**	marroqu**í**
-consonante	**-consonante + a**	estadounid**ense**
alemá**n** inglé**s**	aleman**a** ingles**a**	

EN LAS PROFESIONES

MASCULINO	FEMENINO	MASCULINO Y FEMENINO
cociner**o**	cociner**a**	period**ista**
secretari**o**	secretari**a**	deport**ista**
profes**or**	profes**ora**	estudi**ante**

LAS TRES CONJUGACIONES

PRIMERA CONJUGACIÓN: **-AR**	SEGUNDA CONJUGACIÓN: **-ER**	TERCERA CONJUGACIÓN: **-IR**
estudi**ar**	le**er**	escrib**ir**
cant**ar**	ten**er**	**ir**
cocin**ar**	s**er**	viv**ir**

VERBOS **SER**, **TENER** y **LLAMARSE**

	SER	TENER	LLAMARSE
(yo)	**soy**	**tengo**	me llam**o**
(tú)	**eres**	tien**es**	te llam**as**
(él/ella/usted)	**es**	tien**e**	se llam**a**
(nosotros/nosotras)	**somos**	ten**emos**	nos llam**amos**
(vosotros/vosotras)	**sois**	ten**éis**	os llam**áis**
(ellos/ellas/ustedes)	**son**	tien**en**	se llam**an**

9. MIS PALABRAS P. 124, EJ. 16

A. Piensa cuatro palabras importantes para ti. ¿Sabes cómo se dicen en español? Busca en el diccionario o pregunta a tu profesor.

- *¿Cómo se dice friends en español?*
- *Amigos.*
- *¿Cómo se escribe?*
- *a, eme, i, ge, o, ese.*

B. Preséntales tus palabras a tus compañeros.

- *Amigos, vacaciones, amor y viajes.*
- *¿Qué significa 'vacaciones'?*
- Holidays.

10. LA FIESTA

10 **A.** Juan, un profesor de español, ha organizado una fiesta para sus alumnos y algunos profesores. Escucha y marca en su lista de invitados las personas que están en la fiesta.

Elvira	Andrea	Rosario
Judith	Peter	Catrina
Alice	Eva	Pilar
Montse	Ana	
Sukio	Stephanie	
Ernesto	José Antonio	

10 **B.** Ahora escucha otra vez. ¿Qué personas hablan en cada conversación?

1. .... y ....
2. .... y ....
3. .... y ....

10 **C.** Escucha de nuevo y completa estas frases con la información que tienes de cada persona.

1. .... es ....
2. .... es ....
3. .... es ....
4. .... es ....
5. .... es ....
6. .... es ....

D. Imagina que estás en una fiesta. Algunas personas hablan contigo. ¿Cómo reaccionas?

- Hola, ¿qué tal?
- Me llamo Ana, ¿y vosotros?
- ¿Y a qué os dedicáis?
- ¿De dónde sois?

11. LOS COMPAÑEROS DE LA CLASE + P. 120, EJ. 1

A. Vas a hacer un cartel con la información de un compañero. Hazle preguntas.

B. Crea el cartel y añade, si quieres, una foto, un dibujo, etc.

Tiene 27 años

Se llama Anne Wagner

Es alemana, de Stuttgart

Es diseñadora gráfica

5 palabras o expresiones importantes para ella en español:
- amigo
- vacaciones
- ropa
- por favor
- libro

Dirección de correo electrónico:
anitaw@online.dif

Número de teléfono:
0173 316 364

12. LOS NOMBRES EN ESPAÑOL

A. Lee este cómic. ¿Qué puedes observar sobre la manera de utilizar los tratamientos en español? ¿Es igual en tu lengua en estas situaciones?

VÍDEO

EN CONSTRUCCIÓN

¿Qué te llevas de esta unidad?

Lo más importante para mí:

....

....

Palabras y expresiones:

....

....

Algo interesante sobre la cultura hispana:

....

....

Quiero saber más sobre...

....

....

¡HOMBRE, PAQUITO! ¿CÓMO ANDAS?
6

¿QUIÉN ES?
SOY YOOOOOOO.
HOLA, "PICHURRI" ...
7

B. ¿Y a ti? ¿Cómo te llama/n...?

1. tu madre
2. tu pareja
3. tus amigos
4. tu jefe
5. un compañero de trabajo

2 QUIERO APRENDER ESPAÑOL

EMPEZAR

1. IMÁGENES

A. Relaciona las imágenes con los siguientes aspectos de la cultura hispana. Hay varias posibilidades.

- la historia
- la comida
- el arte
- la música
- la vida nocturna
- la literatura
- el cine
- la naturaleza
- los pueblos y las ciudades

B. ¿Cuáles son para ti los más interesantes?

- *Para mí, la historia.*
- *Para mí, la vida nocturna.*

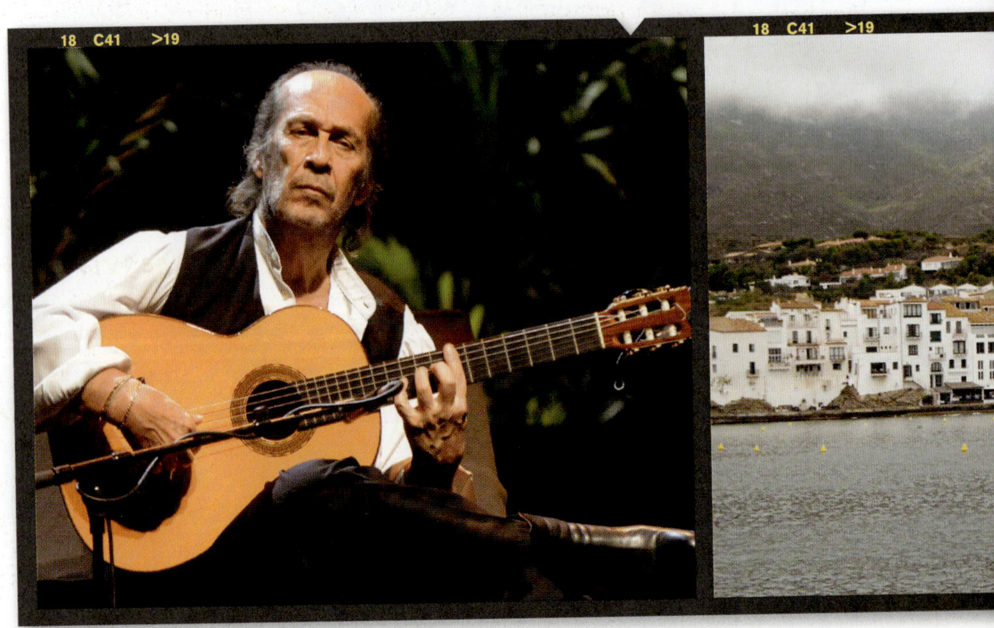

EN ESTA UNIDAD VAMOS A

DECIDIR QUÉ QUEREMOS HACER EN ESTE CURSO DE ESPAÑOL

RECURSOS COMUNICATIVOS

- expresar intenciones
- explicar los motivos de lo que hacemos
- hablar de lo que sabemos hacer en distintos idiomas

RECURSOS GRAMATICALES

- el presente de indicativo
- algunos usos de **a**, **con**, **de**, **por**, **para** y **porque**
- el artículo determinado: **el**, **la**, **los**, **las**
- los pronombres personales de sujeto
- graduar: **bien**, **bastante bien**, **regular**, **mal**

RECURSOS LÉXICOS

- idiomas
- actividades de la clase de lengua
- actividades de ocio

2. ESTE FIN DE SEMANA

A. Eva tiene algunos planes para este fin de semana. ¿Qué cosas de la lista quiere hacer?

- estudiar español
- hacer deporte
- ir al cine
- ir a una exposición
- salir de noche
- visitar la ciudad
- ir al teatro
- salir a cenar
- leer
- hacer fotos
- ir de compras
- ir de excursión
- ir a la playa
- conocer gente

- *Quiere hacer deporte.*

B. ¿Y tú? ¿Qué quieres hacer el próximo fin de semana? Coméntalo con tus compañeros.

- *Yo quiero salir de noche. ¿Y tú?*
- *Yo también. Y quiero ir al cine.*
- *Pues yo quiero ir de excursión a...*

3. ¿POR QUÉ ESTUDIAN ESPAÑOL?

P. 126, EJ. 1

A. Todas estas personas estudian español. ¿Por qué crees que lo hacen? Compara tus respuestas con las de un compañero.

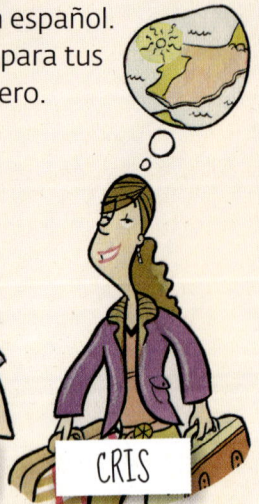

1. Para leer en español.
2. Por su trabajo.
3. Para viajar por Sudamérica.
4. Porque su novia es colombiana.
5. Para chatear con sus amigos.
6. Porque quiere vivir en España.

11

B. Escucha y comprueba.

C. ¿Y tú, por qué quieres aprender español?

Quiero aprender español...

porque ....

para ....

por ....

4. ¿QUÉ ACTIVIDADES QUIERES HACER? P. 126, EJ. 2

A. Imagina que en tu escuela se ofrecen las siguientes actividades. Marca tres que quieres hacer.

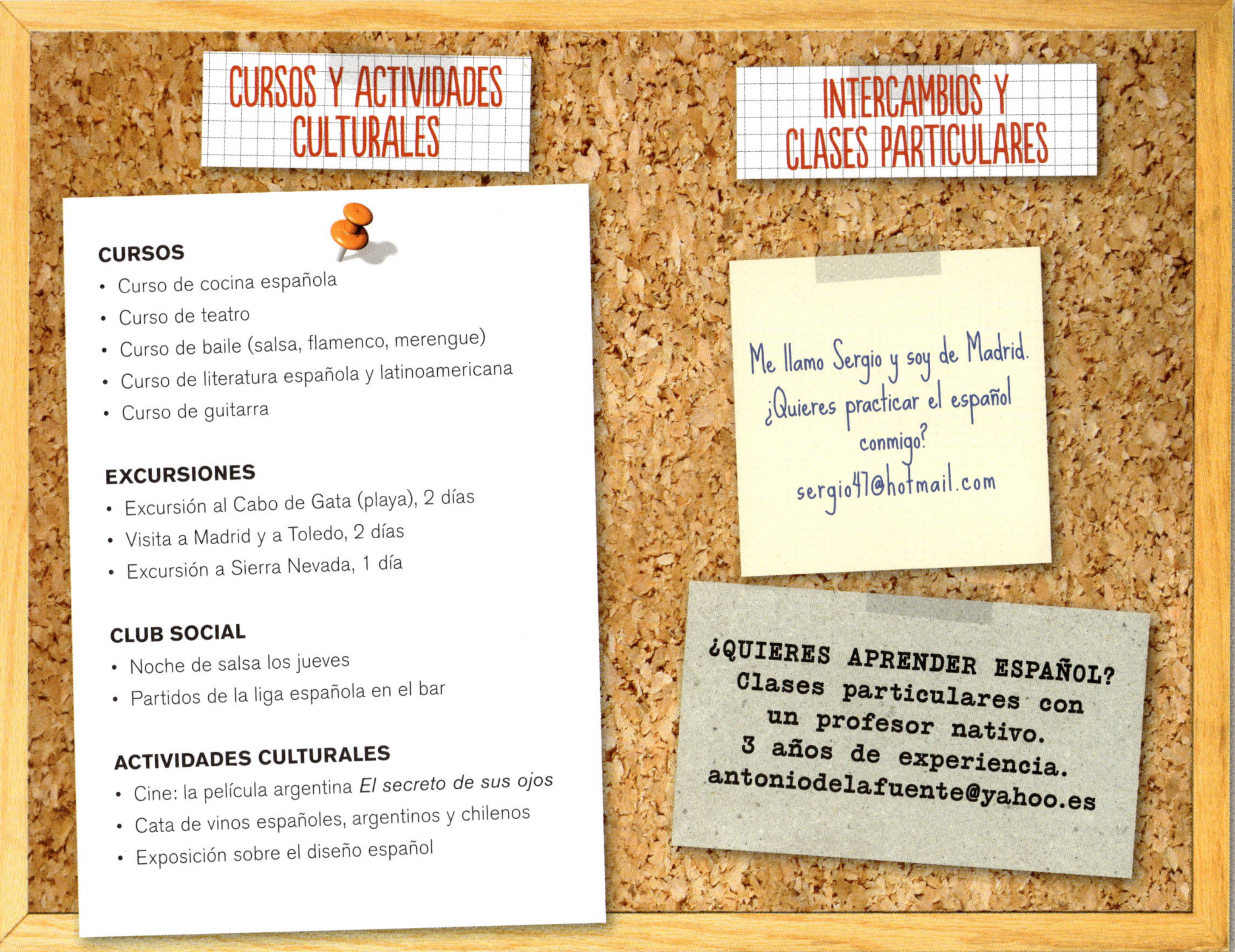

CURSOS Y ACTIVIDADES CULTURALES
CURSOS
• Curso de cocina española
• Curso de teatro
• Curso de baile (salsa, flamenco, merengue)
• Curso de literatura española y latinoamericana
• Curso de guitarra
EXCURSIONES
• Excursión al Cabo de Gata (playa), 2 días
• Visita a Madrid y a Toledo, 2 días
• Excursión a Sierra Nevada, 1 día
CLUB SOCIAL
• Noche de salsa los jueves
• Partidos de la liga española en el bar
ACTIVIDADES CULTURALES
• Cine: la película argentina El secreto de sus ojos
• Cata de vinos españoles, argentinos y chilenos
• Exposición sobre el diseño español
INTERCAMBIOS Y CLASES PARTICULARES
Me llamo Sergio y soy de Madrid.
¿Quieres practicar el español conmigo?
sergio47@hotmail.com
¿QUIERES APRENDER ESPAÑOL?
Clases particulares con un profesor nativo.
3 años de experiencia.
antoniodelafuente@yahoo.es

B. Ahora, compara tus respuestas con las de tus compañeros. ¿Cuáles son las tres actividades que más éxito tienen en la clase?

- *Yo quiero hacer el curso de teatro y las clases particulares.*
- *Pues yo quiero hacer el curso de guitarra y la cata de vinos.*

C. En grupos, mirad el programa de actividades de vuestra escuela. ¿Qué actividades queréis hacer?

5. ¿HABLAS INGLÉS? + P. 126, EJ. 3; P. 127, EJ. 4-5

A. Lee este chat. ¿Qué quieren hacer Laura y Mark?

www.chat.dif
Laura: Hola, busco a alguien para practicar inglés.
Mark: Hola, yo soy irlandés. Hablo inglés y estudio español.
Laura: ¿Vives en España? ¿En Madrid?
Mark: Sí, vivo en Madrid. Estudio arquitectura en la Universidad Politécnica.
Laura: ¡Qué bien! Los dos vivimos en Madrid.
Laura: Comprendes bien el español, ¿no?
Mark: Sí, comprendo casi todo, pero quiero hablar mejor.
Mark: Vivo con una chica inglesa y siempre hablamos inglés...
Laura: Yo quiero mejorar mi inglés por mi trabajo. Trabajo en un hotel y muchos turistas no hablan español ni lo comprenden.

B. Subraya en el chat las formas de los verbos **hablar**, **comprender** y **vivir**, y completa la tabla.

	HABLAR	COMPRENDER	VIVIR
(yo)	hablo	Comprendo	Vivo
(tú)	hablas	Comprendes	Vives
(él/ella/usted)	habla	comprende	vive
(nosotros)	hablamos	comprendemos	Vivimos
(vosotros)	habláis	comprendéis	vivís
(ellos)	hablan	comprenden	viven

C. Ahora conjuga en tu cuaderno los verbos **estudiar**, **aprender**, y **escribir**.

6. QUIERO, QUIERES, QUIERE

A. ¿Cuáles de estas cosas quieres hacer en el futuro? Elige dos.

- ✓ aprender otros idiomas
- ✓ vivir en España – Ibiza.
- tener amigos de habla hispana
- trabajar en una empresa española o latinoamericana
- pasar las vacaciones en España o América Latina
- estudiar en una universidad española

B. Ahora compara tus respuestas con las de tus compañeros. Luego, completa las frases, como en el ejemplo.

1. (Yo) Quiero *tener amigos de habla hispana.*
2. Mi compañero *John* quiere *vivir en España.*
3. *Anne* y yo queremos *estudiar en una universidad española y pasar las vacaciones en América Latina.*
4. *Katerina* y *Michael* quieren *pasar las vacaciones en España y aprender otros idiomas.*

1. (Yo) Quiero ....
2. Mi compañero .... quiere ....
3. .... y yo queremos ....
4. .... y .... quieren ....

C. ¿Puedes conjugar ahora el verbo **querer**?

	QUERER
(yo)	quero
(tú)	quieres
(él/ella/usted)	quere
(nosotros)	quieremos
(vosotros)	queréis
(ellos)	quieren

D. Ahora compara el verbo **querer** con otro acabado en **-er**: **comprender**. ¿Tienen las mismas terminaciones? ¿En qué se diferencian?

7. YO BAILO SALSA. ¿Y TÚ?

A. Mira qué hacen estas personas para aprender cosas sobre la cultura hispana y completa las frases.

Stephane y Chloe .... bailan salsa.

Herique .... visita Buenos Aires cada año.

Noam y Florent .... cocinan platos españoles.

Andrea .... escucha música en español.

Sophie .... ve películas españolas.

Alexander .... lee literatura hispanoamericana.

B. ¿Y tú? ¿Haces algunas de estas cosas? ¿Haces otras? Coméntalo con un compañero.

- *Yo bailo tango.*
- *Yo leo libros de literatura hispanoamericana.*

Yo escucho musica en español Gypsy Kings

C. Cuenta al resto de la clase qué cosas hace tu compañero.

- *Martina lee literatura hispanoamericana.*

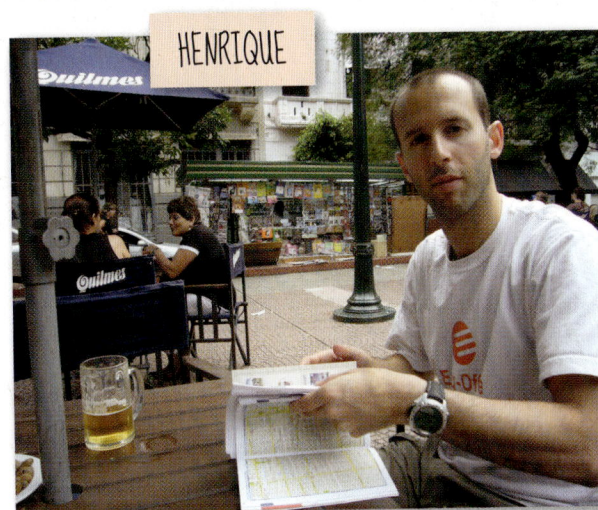

8. LA PLAYA, LAS PLAYAS + P. 128, EJ. 9-10

A. Marca qué palabras crees que son masculinas (M) y cuáles femeninas (F).

B. Fíjate en las terminaciones de las palabras de la actividad anterior y relaciona.

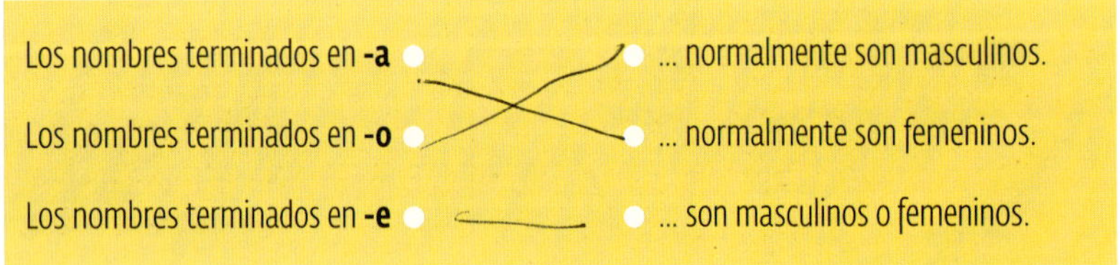
Los nombres terminados en **-a** ● ● ... normalmente son masculinos.
Los nombres terminados en **-o** ● ● ... normalmente son femeninos.
Los nombres terminados en **-e** ● ● ... son masculinos o femeninos.

C. Lee estos diálogos y luego completa la tabla con los artículos.

1

- ¿Quieres hacer **el** curso de guitarra?
- No, quiero hacer **los** cursos de teatro y baile.

2

- Quiero ver **la** nueva película de Amenábar.
- Sí, yo también, **las** películas de Amenábar son siempre muy buenas.

ARTÍCULOS DETERMINADOS		
	singular	**plural**
masculino	.... muse**o**	.... muse**os**
femenino	.... películ**a**	.... películ**as**

EXPRESAR INTENCIONES P. 130, EJ. 18

	QUERER	+ INFINITIVO
(yo)	quiero	**viajar** **aprender** idiomas **vivir** en España
(tú)	quieres	
(él/ella/usted)	quiere	
(nosotros/nosotras)	queremos	
(vosotros/vosotras)	queréis	
(ellos/ellas/ustedes)	quieren	

- *¿Qué **queréis hacer** este fin de semana?*
- *Yo **quiero hacer** deporte.*
- *Pues yo **quiero leer** y **pasear**.*

HABLAR DE MOTIVOS

¿Por qué + verbo conjugado? *¿**Por qué** estudias español?*	**Porque** + verbo conjugado ***Porque** quiero vivir en España.*
	Para + infinitivo ***Para** viajar por Latinoamérica.*
	Por + sustantivo ***Por** mi trabajo.*

PRONOMBRES PERSONALES DE SUJETO

	SINGULAR	PLURAL
1ª persona	yo	nosotros/nosotras
2ª persona	tú/usted*	vosotros/vosotras/ustedes*
3ª persona	él/ella	ellos/ellas

* **Usted** y **ustedes** se usan con las formas verbales de 3ª persona.

PRESENTE DE INDICATIVO: VERBOS REGULARES TERMINADOS EN -AR, -ER E -IR P. 127, EJ. 6-7

	HABLAR	COMPRENDER	ESCRIBIR
(yo)	habl**o**	comprend**o**	escrib**o**
(tú)	habl**as**	comprend**es**	escrib**es**
(él/ella/usted)	habl**a**	comprend**e**	escrib**e**
(nosotros/nosotras)	habl**amos**	comprend**emos**	escrib**imos**
(vosotros/vosotras)	habl**áis**	comprend**éis**	escrib**ís**
(ellos/ellas/ustedes)	habl**an**	comprend**en**	escrib**en**

VERBOS Y PREPOSICIONES P. 128, EJ. 11; P. 130, EJ. 19

Quiero	**conocer** **visitar**	la ciudad. **a** mis compañeros de clase.
	aprender	español.
	practicar	
	estudiar	
	descubrir	la ciudad.
	ir	**a** la playa / **al*** cine / **a** bailar. **de** compras.
	hacer	muchas fotos.
	salir	**a** bailar. **con** mis compañeros. **de** noche.

(* **al** = **a** + **el**)

Cuando el complemento de objeto directo se refiere a personas lleva la preposición **a**:
*Quiero conocer **a** tu hermano.*

EL ARTÍCULO DETERMINADO

	SINGULAR	PLURAL
MASCULINO	**el** puebl**o**	**los** puebl**os**
	el muse**o**	**los** muse**os**
	el curs**o**	**los** curs**os**
FEMENINO	**la** play**a**	**las** play**as**
	la fiest**a**	**las** fiest**as**
	la discotec**a**	**las** discotec**as**

En general, los sustantivos acabados en **-o** son masculinos, y los acabados en **-a** son femeninos. Pero hay numerosas excepciones: **el idioma**, **el sofá**, **la mano**, **la moto**, etc. Los acabados en **-e** pueden ser masculinos y/o femeninos: **la gente**, **el cine**, **el/la estudiante**...

Las palabras femeninas que empiezan en **a** tónica usan, en singular, el artículo determinado **el**: **el aula**, **el arte**, etc.

GRADUAR P. 129, EJ. 13

(muy) bien	Hablo inglés **muy bien**.
bastante bien	Leo en francés **bastante bien**.
un poco	Comprendo **un poco** el portugués.
regular	Canto **regular**.
(muy) mal	Bailo salsa **muy mal**.
nada de	No hablo **nada de** ruso.

9. ¿QUÉ IDIOMAS HABLAS? P. 131, EJ. 20-22

12

A. Escucha el diálogo y completa la ficha con la información que falta.

NOMBRE David

IDIOMAS (no nativos)	¿QUÉ SABE HACER EN ESTE IDIOMA?			
	Hablar	**Entender**	**Escribir**	**Leer**
alemán	muy bien	muy bien	muy bien	muy bien
italiano	bastante bien	bastante bien	bastante bien	bastante bien

B. ¿Qué lenguas hablas tú? ¿Y tus compañeros? Haz dos fichas como la anterior con la información de dos de tus compañeros.

- *¿Qué idiomas hablas?*
- *Yo hablo portugués porque es mi lengua materna, hablo inglés bastante bien y un poco de francés.*
- *¿Y escribes bien en inglés?*
- *Sí, bastante bien.*
- *¿Y qué tal lees?*

PARA COMUNICAR

¿Hablas bien alemán?
¿Entiendes bien **el** alemán?
¿Lees bien **en** alemán?
¿Escribes bien **en** alemán?

Hablo inglés **muy bien**.
Leo **bastante bien** en francés.
Entiendo portugués **regular**. =
Entiendo **un poco** el portugués.
Escribo en italiano, pero **muy mal**.
No hablo **nada de** chino.

C. ¿Alguien de la clase habla más de dos idiomas? ¿Y más de tres?

10. LUGARES INTERESANTES

A. ¿Conocéis la ciudad en la que estáis? En grupos, buscad información (en internet, preguntando a vuestro profesor...) sobre uno de los temas siguientes y haced una lista de lugares.

Ciudades o pueblos cercanos

Edificios y monumentos

Museos

Bares y discotecas

B. Presentad en clase lo que habéis encontrado. Los demás tomáis nota.

C. ¿Qué lugares quieres conocer? Coméntalo con tus compañeros.

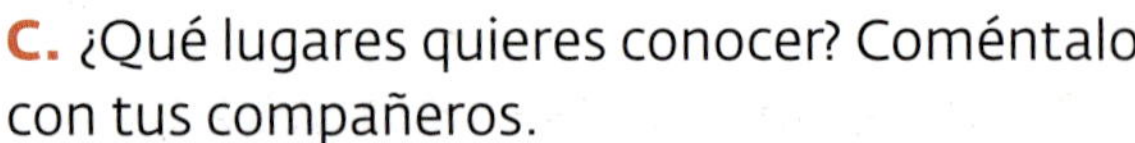

- *Yo quiero ir a...*
- *Yo quiero ver...*

11. ¿QUÉ QUIERES HACER EN ESTE CURSO?

P. 129, EJ. 12

A. Escribe qué cosas podemos hacer en este curso para aprender español. Usa estos verbos u otros.

leer | aprender a | hacer | ver | ir | hablar | escuchar | escribir | buscar | visitar | practicar

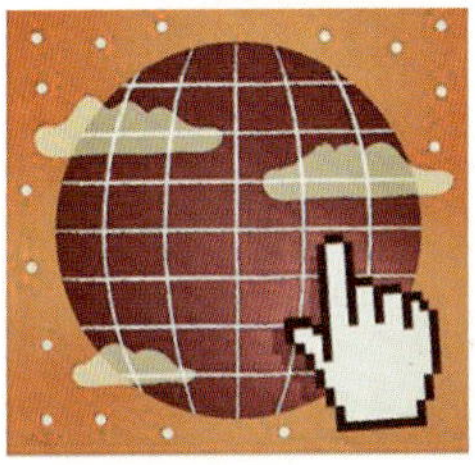

Buscar información en internet y chatear

~~hablar~~ practicar la pronunciación y...

aprender a cocinar platos típicos

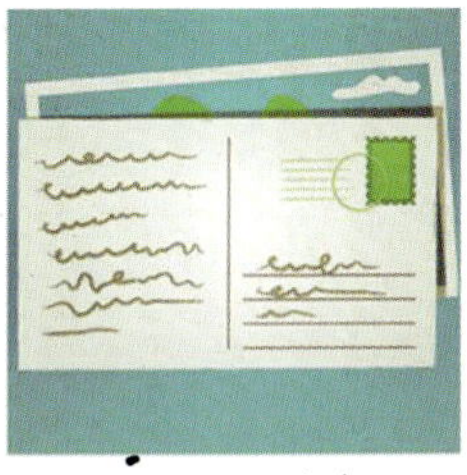

escribir postales y...

ir de excursión y....

leer

visitar

ir

ver.

visitar

escribir

~~practicar~~ escuchar la musica

B. El profesor apunta en la pizarra las propuestas de todos los estudiantes. Luego, en pequeños grupos, decidid qué tres cosas queréis hacer en este curso.

- *Yo quiero hablar mucho en clase, ver películas en español y leer periódicos y revistas. ¿Y tú?*
- *Yo quiero escuchar canciones.*

C. Ahora, escribid vuestras preferencias y comentadlas con el resto de la clase.

En este curso, nosotros queremos...

Quiero aprender a hacer mas preguntas.
Quiero ser capaz de entender mas español
Espero poder hablar con amigos españoles

12. EL ESPAÑOL EN EL MUNDO

A. En este artículo algunas personas cuentan qué palabras españolas son conocidas en su país o se usan en su lengua. Marca las palabras que conoces.

¿QUÉ SIGNIFICA "MOVIDA" EN ITALIANO?

¿Qué palabras de la lengua española usan en otros países? Estas cuatro personas nos lo cuentan.

"Muchos franceses conocen palabras españolas como torero, amigos, paella, fiesta... Además, usamos palabras españolas como tapas o gazpacho (por ejemplo, el "gazpacho de melón" es una sopa fría de melón). También usamos la expresión a la plancha."

KARIM, FRANCÉS

"En Serbia mucha gente conoce palabras españolas de las telenovelas latinoamericanas, porque las vemos en versión original. Por ejemplo, te amo, mi amor, lo siento, es mentira... También conocemos palabras de la familia, como madre, padre, hermano, abuela..."

DRAGANA, SERBIA

B. ¿Hay palabras españolas en tu lengua? ¿Cuáles? ¿Qué significan?

C. Busca en internet la información necesaria para completar estas frases.

.... personas hablan español como lengua materna.

.... personas estudian español en el mundo.

El español es la lengua oficial de .... países.

"En Italia todo el mundo conoce y usa algunas palabras españolas como **sangría**, **macho** o **movida**, que significa 'vida nocturna' para nosotros."

ENRICO, ITALIANO

"En Estados Unidos usamos muchas palabras y expresiones españolas, como **hasta la vista**, **hola**, **adiós** o **mi casa es su casa**, como muestra de amistad. También usamos palabras relacionadas con la comida, como **chile con carne**, **guacamole**, **tortillas**... ¡Pero son las tortillas mexicanas, no las españolas!"

CRYSTAL, ESTADOUNIDENSE

VÍDEO

¿Qué cosas te INTERESAN de España?

EN CONSTRUCCIÓN

¿Qué te llevas de esta unidad?

Lo más importante para mí:

....

....

Palabras y expresiones:

....

....

Algo interesante sobre la cultura hispana:

....

....

Quiero saber más sobre...

....

....

3 ¿DÓNDE ESTÁ SANTIAGO?

EMPEZAR

1. CIUDADES QUE SE LLAMAN SANTIAGO

A. En el mundo hispano hay varias ciudades que se llaman Santiago. Aquí tienes tres. ¿Sabes a cuál de ellas corresponde cada fotografía?

- Santiago de Chile
- Santiago de Compostela (España)
- Santiago de Cuba

B. Relaciona las fotografías con los comentarios de sus autores.

"Por fin en Santiago, después de un largo camino."

Julio, 46 años

"Santiago, la segunda ciudad más importante de la isla."

Ramón, 30 años

"La capital del país, y las montañas nevadas. ¡Es la cordillera de los Andes!"

Mariana, 28 años

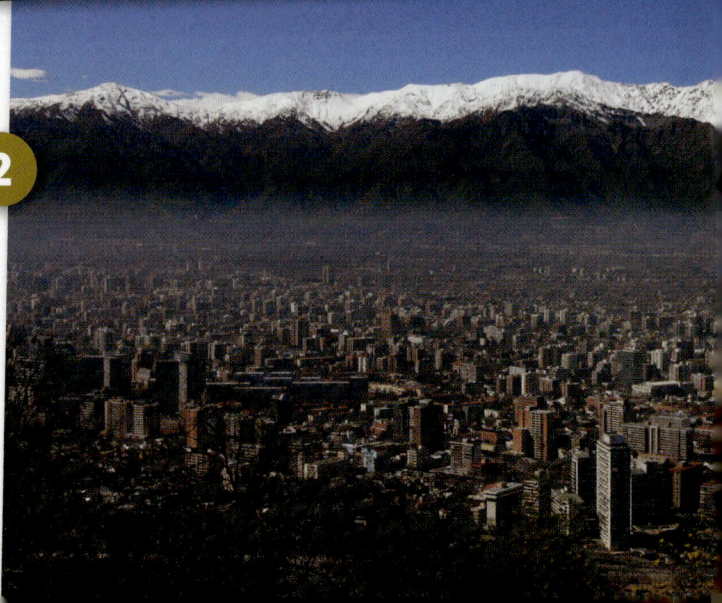

2

EN ESTA UNIDAD VAMOS A

HACER UN CONCURSO DE CONOCIMIENTOS DEL MUNDO HISPANO

RECURSOS COMUNICATIVOS

- describir lugares
- expresar existencia y ubicación
- hablar del clima

RECURSOS GRAMATICALES

- algunos usos de **hay**
- el verbo **estar**
- el superlativo
- **un** / **una** / **unos** / **unas**
- cuantificadores: **muy**, **mucho** / **mucha** / **muchos** / **muchas**
- **qué**, **cuál** / **cuáles**, **cuántos** / **cuántas**, **dónde**, **cómo**

RECURSOS LÉXICOS

- el tiempo
- geografía
- lugares de interés turístico

La Panamericana es una importante carretera que recorre el continente americano, desde Alaska, en el norte, hasta Chile, en el sur. Tiene 25 800 kilómetros y pasa por selvas, desiertos, ciudades y montañas.

2. POR LA PANAMERICANA

P. 132, EJ. 1

A. Lee el texto y observa el mapa. ¿Cuáles son los países de habla hispana que atraviesa la Panamericana?

B. ¿A qué país crees que corresponde cada una de estas fichas: Chile, Costa Rica o Ecuador?

Capital: Santiago
Lengua oficial: el español
Moneda: el peso
Población: 16,5 millones

Clima: tropical
Un producto importante: el café
Un plato típico: el gallopinto
Lugares de interés turístico: el volcán Arenal, los parques naturales

Clima: tropical en la costa, frío en el interior
Un producto importante: el cacao
Un plato típico: el locro
Lugares de interés turístico: las islas Galápagos, Ingapirca

Capital: San José
Lengua oficial: el español
Moneda: el colón
Población: 4,7 millones

Capital: Quito
Lenguas oficiales: el español y el quechua
Moneda: el dólar
Población: 14,6 millones

Clima: seco en el norte, templado en el centro y frío en el sur
Un producto importante: el cobre
Un plato típico: la empanada
Lugares de interés turístico: los Andes, la isla de Pascua

C. Busca en internet fotografías para ilustrar algunos de los datos de los países. Muéstralas en clase y explica qué son.

- *Esto es una foto de la isla de Pascua.*
- *Esto son las islas Galápagos.*

D. Completa la ficha de España.

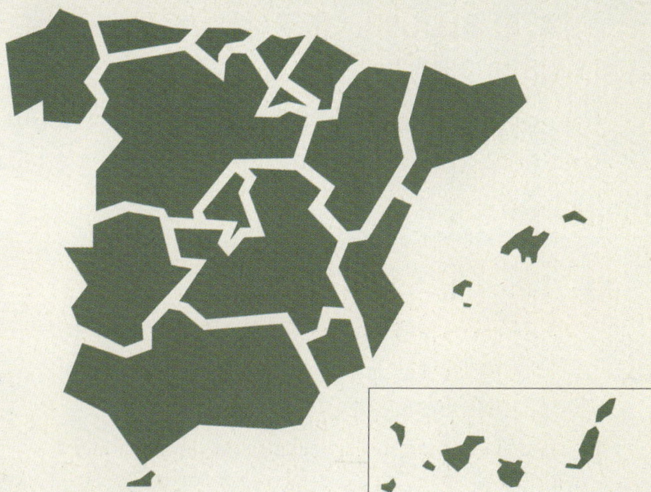

Capital: Madrid
Lenguas oficiales: el español el catalán
Clima: templado
Moneda: el euro
Un producto importante: el aceite
Población: 47 millón
Un plato típico: la paella
Lugares de interés turístico: la costa brava, la Alhambra, Toledo, las islas baleares

la Costa Brava, La Alhambra, Toledo, las Islas Baleares | la paella | 47 millones | Madrid | el euro | templado | el aceite | el español, el catalán, el vasco y el gallego

3. JUEGA Y GANA P. 132, EJ. 2

A. Una agencia de viajes sortea un viaje a México entre los clientes que contesten correctamente a estas preguntas. ¿Quieres intentarlo?

CONCURSO MÉXICO LINDO

CONTESTA A ESTAS PREGUNTAS SOBRE MÉXICO Y GANA UN FABULOSO VIAJE A CANCÚN

1. ¿Cuál es la capital de México?
- **a.** Buenos Aires.
- **b.** México, D.F.
- **c.** Acapulco.

2. ¿Cuántos habitantes tiene el país?
- **a.** 112 millones.
- **b.** 57 millones.
- **c.** 10 millones.

3. ¿Cuántas lenguas oficiales hay?
- **a.** Ninguna
- **b.** Dos. El español y el maya.
- **c.** Una. El español.

4. ¿Hay selvas y desiertos?
- **a.** Selvas sí, pero desiertos no.
- **b.** Desiertos sí, pero selvas no.
- **c.** Sí, hay selvas y desiertos.

5. ¿Dónde está Oaxaca?
- **a.** En el norte.
- **b.** En el centro.
- **c.** En el sur.

6. ¿Cuál es la moneda?
- **a.** El euro.
- **b.** El peso.
- **c.** El dólar.

7. ¿Qué es una "ranchera"?
- **a.** Una música típica.
- **b.** Una lengua indígena.
- **c.** Un plato típico.

8. ¿Cómo es el clima en la costa atlántica?
- **a.** Frío.
- **b.** Tropical y lluvioso.
- **c.** Seco.

9. ¿Qué es el "tequila"?
- **a.** Un estado.
- **b.** Una fiesta popular.
- **c.** Una bebida.

ENVÍA TUS RESPUESTAS AL APARTADO DE CORREOS 09090 DE MADRID

B. Compara tus respuestas con un compañero. ¿Quién ha acertado más? Tu profesor tiene las respuestas.

4. EL BLOG DE LOLA

P. 133, EJ. 5-6; P. 134, EJ. 7-9

A. Lola está de viaje por Latinoamérica y escribe en un blog. ¿En qué país crees que está ahora? ¿En Guatemala, en Argentina o en Cuba?

Mi viaje por Latinoamérica

Lunes, 4 de febrero | 15:50 h

Segunda semana

Aquí todo es precioso. Hay unas playas de arena negra maravillosas, están en el Pacífico y son increíbles. Hoy estamos en la capital, que está en el centro del país. La gente es muy simpática y todo el mundo es muy amable. La comida también es muy buena: el tamal es el plato más típico, pero hay muchas cosas ricas...

Hace mucho calor y el clima es muy húmedo (llueve por la tarde casi todos los días), pero no importa. Mañana vamos a Tikal para visitar unas ruinas mayas que están en la selva. Tengo muchas ganas porque dicen que Tikal es muy bonito.

Hay cinco templos antiguos y también hay palacios, plazas... Edu y yo queremos visitar una ciudad que se llama Chichicastenango. Allí hay un mercado muy conocido que queremos ver. Y después vamos en autobús a México.

Publicado por: Lola Ordóñez | 0 comentarios

B. Ahora lee el texto de nuevo y escribe en los dos cuadros las frases que contienen las formas **es/son** y las que contienen **está/están**. ¿Entiendes para qué se usan?

es/son
Aquí todo es precioso son increíbles. La gente es muy simpática. Tikal es muy bonito

está/están
Hoy estamos en la capital está en el centro de país

C. Subraya las frases en las que aparece la forma **hay**. ¿Qué palabras aparecen después de **hay**? ¿Entiendes para qué se usa este verbo?

Unas, muchas, mucho, cinco, palacios, un

D. Escribe frases con estas construcciones.

En mi país **hay** una ciudad llamada Birmingham
En mi país **no hay** mucho sol
Mi país **es** una isla
Mi país **está** en el norte de Europa

En mi ciudad **hay** un río con patos nadando
En mi ciudad **no hay** estación de autobus
Mi ciudad **es** pequeña en comparación con Barcelona
Mi ciudad **está** cerca de Londres

5. ¿CÓMO ES EL CLIMA EN TU PAÍS? + P. 134, EJ. 10; P. 135, EJ. 12

A. Estas fotos son de webcams del tiempo. ¿Qué tiempo hace en los siguientes lugares de España?

En Tarifa hace mucho viento

En San Sebastián esta nublado

En Tenerife hace calor

En Barcelona hace sol

En Burgos hace frío y nieva

En Santander ~~hace mucho viento~~ llueve

hace frío y nieva	hace mucho viento	
llueve	hace sol	hace calor
está nublado / hay muchas nubes		

B. Descríbele a un compañero el clima de uno de los siguientes lugares. Si lo necesitas, busca información en internet. Tu compañero tiene que adivinar de qué lugar estás hablando. *

- la selva amazónica
- el desierto del Sáhara
- Inglaterra
- Mallorca
- Siberia
- el Caribe

- *El clima es muy seco y llueve muy poco.*
- *¿El desierto del Sáhara?*
- *Sí.*

PARA COMUNICAR

En verano / **En** otoño / **En** invierno / **En** primavera — **el clima es...** / **hace...** / **hay...**

C. ¿Cómo es el clima en tu país o en tu ciudad?

6. ¿QUÉ O CUÁL? P. 132, EJ. 3

A. Lee estas frases y fíjate en cuándo se usa **qué** y cuándo se usa **cuál/cuáles**.

- ¿**Cuál** es la bebida más conocida de Cuba?
- ○ El mojito.

- ¿**Qué** es el tequila?
- ○ Una bebida mexicana.

- ¿**Cuáles** son las lenguas oficiales de Perú?
- ○ El español y el quechua.

- ¿**Qué** son las rancheras?
- ○ Una música típica mexicana.

B. Completa estas frases con **qué**, **cuál**, o **cuáles**.

1. • ¿ Cual ... es la capital de Colombia?
   ○ Bogotá.
2. • ¿ Cuales ... son las tapas?
   ○ Pequeñas raciones de comida.
3. • ¿ Que ... el mate?
   ○ Es una infusión que se bebe en Uruguay, Paraguay y Argentina.
4. • ¿ Cuales ... son las playas más bonitas de Guatemala?
   ○ Las playas de arena negra del Pacífico.
5. • ¿ Que ... es la moneda de Honduras?
   ○ El lempira.

7. MUNDO LATINO EN SUPERLATIVO

P. 135, EJ. 15

A. Lee estos datos curiosos sobre algunos países de habla hispana. Complétalos.

- El Aconcagua está en ~~Asia~~ Argentina ... y **es la** montaña **más** alta **de** América.
- El desierto de Atacama **es el** lugar **más** seco **del** planeta y está en ... Chile ... .
- El volcán Arenal está en Costa Rica ... y **es uno de los** volcanes **más** activos del mundo.
- **Es el** país **más** grande **del** mundo hispano: ... Argentina .
- **Son las** dos ciudades **más** pobladas **del** mundo hispano: Buenos Aires y Mexico City.
- **Son los mayores** productores de café de Centroamérica: Guatemala ... y Honduras.

B. Ahora escucha el audio y comprueba.

13

C. Piensa en datos curiosos de tu país y escribe frases con las estructuras de las frases anteriores. Puedes buscar información en internet. Luego lee las frases a tus compañeros.

- *Rusia es el país más grande del mundo.*

Panorámica de la Ciudad de México

DESCRIBIR Y DEFINIR LUGARES, PERSONAS O COSAS

SER + ADJETIVO
Perú **es** muy bonito.
Los peruanos **son** muy amables.

SER + SUSTANTIVO
México **es** un país muy turístico.
Las rancheras **son** canciones típicas mexicanas.

EXPRESAR UBICACIÓN: **ESTAR** + P. 132, EJ. 4

ESTAR			
(yo) (tú) (él/ella/usted)	estoy estás está	(nosotros/nosotras) (vosotros/vosotras) (ellos/ellas/ustedes)	estamos estáis están

La Giralda **está** en Sevilla.
Las islas Cíes **están** en Galicia.

EXPRESAR EXISTENCIA

En Asturias **hay muchas** montañas.
En Paraguay **hay dos** lenguas oficiales.
En La Rioja **hay unos** vinos muy buenos.
En Venezuela **hay** petróleo/selvas...
En España **no hay** petróleo/selvas...
En Barcelona **hay un** estadio de fútbol muy grande.

Recuerda:
~~**Hay el** lago precioso.~~ → **Hay un** lago precioso.
~~En Lima **está** una catedral.~~ → En Lima **hay una** catedral.

ARTÍCULOS INDETERMINADOS

un El Titicaca es **un** lag**o** muy grande.
una Los tamales son **una** comid**a** muy rica.
unos Aquí hay **unos** vino**s** fantásticos.
unas En Venezuela hay **unas** playa**s** maravillosas.

CUANTIFICADORES + P. 134, EJ. 11

mucho En esta región hay **mucho** café.
mucha En esta ciudad hay **mucha** contaminación.
muchos En España hay **muchos** tipos de queso.
muchas En México hay **muchas** ciudades bonitas.

MUY + ADJETIVO	VERBO **+ MUCHO**
muy bonit**o**/**-a**/**-os**/**-as**	Llueve **mucho**. Nieva **mucho**.

EL CLIMA

Hace calor / frío.
Hace viento.
Está nublado.
Llueve.
Nieva.
El clima es templado / tropical / frío.

CONCORDANCIA

SINGULAR		PLURAL	
MASCULINO	**FEMENINO**	**MASCULINO**	**FEMENINO**
un lugar turístic**o**	**una** playa turístic**a**	**unos** lugar**es** turístic**os**	**unas** playa**s** turístic**as**

Los adjetivos que terminan en **-e** o en consonante son normalmente invariables.

SINGULAR		PLURAL	
un país **una** ciudad	grand**e**	**unos** países **unas** ciudades	grande**s**
un plato **una** bebida	tradiciona**l**	**unos** platos **unas** bebidas	tradicional**es**

PREGUNTAR Y RESPONDER 

- *¿**Cómo** es el clima en Cuba?*
- *Tropical.*

- *¿**Cuántos** habitant**es** hay en España?*
- *47 millones.*

- *¿**Dónde** está Panamá?*
- *En Centroamérica.*

- *¿**Cuántas** lengu**as** oficiales hay en Perú?*
- *Dos: el español y el quechua.*

PARA DEFINIR: QUÉ

- *¿**Qué es** el mate?*
- *Una infusión.*

- *¿**Qué son** las castañuelas?*
- *Un instrumento musical.*

PARA IDENTIFICAR: QUÉ / CUÁL / CUÁLES

- *¿**Qué** gran río nace en Perú?*
- *El Amazonas.*

- *¿**Cuál** es la capital de Venezuela?*
- *Caracas.*

- *¿**Qué** ciudades hispanoamericanas tienen más de 10 millones de habitantes?*
- *Ciudad de México y Buenos Aires.*

- *¿**Cuáles** son los dos países más grandes de habla hispana?*
- *Argentina y México.*

EL SUPERLATIVO

El Prado **es el** museo **más** famoso **de** Madrid.
El Nilo y el Amazonas **son los** ríos **más** largos **del** mundo.
Asunción **es la** ciudad **más** grande **de** Paraguay.
El Everest y el K2 **son las** montañas **más** altas **del** mundo.

PRACTICAR Y COMUNICAR

8. ¿OSOS EN ESPAÑA?

En este mapa hay cuatro cosas que no corresponden a España. ¿Cuáles son? Coméntalo con tu compañero.

- *La Sagrada Familia está en España, ¿verdad?*
- *Sí, está en Barcelona.*

- *No hay petróleo en España, ¿no?*
- *No sé...*

9. ¿ARGENTINA TIENE MÁS DE 75 MILLONES DE HABITANTES?

A. Lee estas ocho frases sobre Argentina. ¿Crees que son verdaderas o falsas?

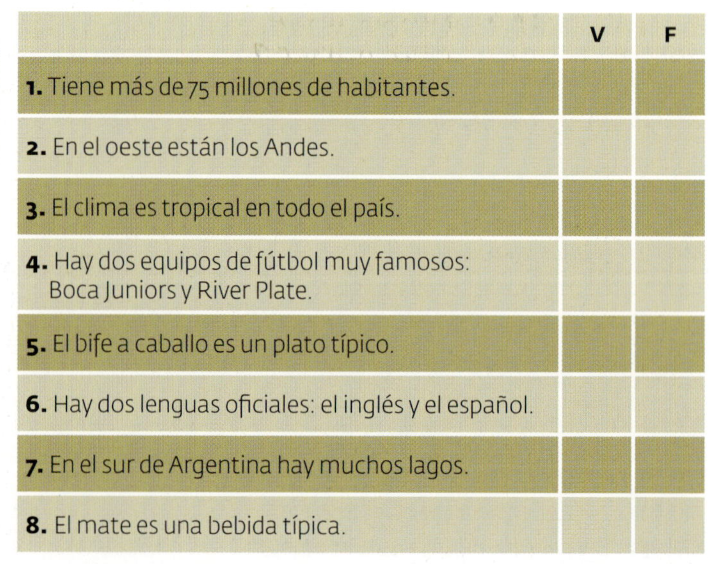

	V	F
1. Tiene más de 75 millones de habitantes.		
2. En el oeste están los Andes.		
3. El clima es tropical en todo el país.		
4. Hay dos equipos de fútbol muy famosos: Boca Juniors y River Plate.		
5. El bife a caballo es un plato típico.		
6. Hay dos lenguas oficiales: el inglés y el español.		
7. En el sur de Argentina hay muchos lagos.		
8. El mate es una bebida típica.		

B. Ahora escucha y comprueba si tus respuestas son correctas.

14-21

10. UN PAÍS INTERESANTE

+ P. 136, EJ. 18-19; P. 137, EJ. 20-23

A. Piensa en un país que te interesa o que conoces bien y escribe un texto sobre él.

China es un país muy grande y muy interesante. Está en Asia y la capital es Pequín. La lengua oficial es...

B. Ahora preséntaselo a la clase.

C. De todos los países que han presentado tus compañeros, ¿cuáles quieres visitar?

• *Yo, China y Tailandia.*

11. ¿CUÁL ES EL PLATO TÍPICO?

¿Conoces bien la ciudad o la región donde estudias español? Piensa en cosas que quieres saber y pregúntaselo a tu profesor. Escribe sus respuestas en el cuadro.

Plato típico	
Número de habitantes	
Fiesta más importante	
Clima	
Lenguas oficiales	
Otros:	

12. UN CONCURSO SOBRE PAÍSES

+ P. 135, EJ. 13-14

A. Dividimos la clase en dos equipos. Cada equipo prepara ocho tarjetas con preguntas sobre países del mundo hispano (u otros).

CONCURSO EL MUNDO HISPANO

¿Cuál es la capital de Uruguay?

a. Asunción
b. Montevideo
c. Tacuarembó

...O HISPANO

¿Qué país tiene más población?

a. México
b. España
c. Argentina

B. Por turnos, cada equipo hace una pregunta al equipo contrario, que tiene 30 segundos para contestar. Si la respuesta es correcta, gana un punto. Gana quien consigue más puntos.

13. ¿TE SORPRENDE?

A. Estas fotografías nos muestran imágenes poco conocidas de seis países del mundo hispano. ¿Sabes de cuáles?

IMÁGENES SORPRENDENTES DEL MUNDO HISPANO

1. La Colonia Tovar es un pequeño pueblo que está cerca de Caracas, en Venezuela. En este pueblo viven alemanes y descendientes de alemanes: por eso, las casas tienen ese aspecto.

6. El salar de Uyuni está en Bolivia y es el mayor desierto de sal del mundo. Tiene unos 12 kilómetros y unos 10 mil millones de toneladas de sal.

3. El béisbol es el deporte nacional de Cuba. Muchos cubanos aprenden a jugar a béisbol desde que son pequeños.

2. En España hay varios carnavales muy populares. Los más conocidos son los de Tenerife, Gran Canaria y Cádiz.

B. Ahora lee los textos para ver si has acertado.

C. Muestra una fotografía de algún aspecto poco conocido de tu país y cuenta a tus compañeros qué representa.

4. La Plata, en Argentina, es una ciudad completamente planificada, con forma de cuadrícula, construida a partir de 1882.

5. El Santuario El Rosario, en Michoacán, México, es una reserva natural de mariposas. Millones de mariposas pasan aquí los meses de noviembre a marzo.

VÍDEO

EN CONSTRUCCIÓN

¿Qué te llevas de esta unidad?

Lo más importante para mí:

....

....

Palabras y expresiones:

....

....

Algo interesante sobre la cultura hispana:

....

....

Quiero saber más sobre...

....

....

4 ¿CUÁL PREFIERES?

EMPEZAR

1. DE COMPRAS EN MÁLAGA

A. Estas son algunas tiendas del centro de Málaga. ¿Qué productos venden?

- ropa a
- zapatos a
- bolsos d
- libros c
- vino B
- juguetes E

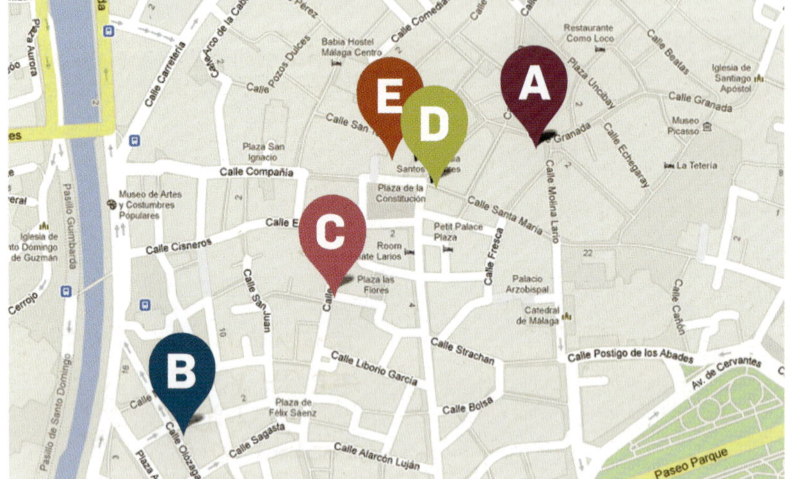

B. Estas tiendas venden productos españoles. ¿Y vosotros? ¿Compráis productos españoles? ¿Cuáles?

- comida o bebida
- ropa
- zapatos
- coches
- libros
- música
- otros

> - *Yo sí. Compro ropa en Zara.*
> - *Yo compro vinos de La Rioja.*
> - *Pues yo no compro nunca productos españoles.*

EN ESTA UNIDAD VAMOS A

HACER LA LISTA DE COSAS QUE NECESITAMOS PARA PASAR UN FIN DE SEMANA FUERA Y COMPRAR EN TIENDAS

RECURSOS COMUNICATIVOS

- identificar objetos
- expresar necesidad
- comprar en tiendas: preguntar por productos, pedir precios, etc.
- hablar de preferencias

RECURSOS GRAMATICALES

- los demostrativos: **este** / **esta** / **estos** / **estas**, **esto**
- **el** / **la** / **los** / **las** + adjetivo
- **qué** + sustantivo, **cuál** / **cuáles**
- **tener que** + infinitivo
- el verbo **ir**
- el verbo **preferir**

RECURSOS LÉXICOS

- los números a partir de 100
- los colores
- prendas de vestir
- objetos de uso cotidiano

2. CAMISETAS P. 138, EJ. 1-3

22-25 **A.** Dos amigos quieren comprar camisetas en internet y encuentran esta página. Escucha la conversación y señala de qué camisetas hablan.

www.modaonline.dif

MODA ON-LINE

MI CESTA DE LA COMPRA

ROPA | ZAPATOS | COMPLEMENTOS | DEPORTE | MARCAS | COSMÉTICOS | HOGAR

cállate la boca

MUJER	MUJER	HOMBRE	HOMBRE
MODELO: **CACTUS**	MODELO: **LEIRE LOVE**	MODELO: **FURGO AZUL**	MODELO: **SARDINAS**
CAMISETA BLANCA DE TIRANTES	CAMISETA NEGRA DE MANGA CORTA	CAMISETA ROJA DE MANGA CORTA	CAMISETA NARANJA DE MANGA CORTA
TALLAS: **P - M** ~~29 €~~ **20 €**	TALLAS: **P - M - G** ~~29 €~~ **18 €**	TALLAS: **P - G** ~~29 €~~ **25 €**	TALLAS: **P** **29 €**
MUJER	MUJER	HOMBRE	HOMBRE
MODELO: **FANTASMA**	MODELO: **FANTASMA**	MODELO: **VACACIONES EN ROMA**	MODELO: **MOMIA SKATER**
CAMISETA NEGRA DE MANGA CORTA	CAMISETA ROJA DE MANGA LARGA	CAMISETA AZUL DE MANGA CORTA	CAMISETA AMARILLA DE MANGA CORTA
TALLAS: **P - M - G** **29 €**	TALLAS: **M - G** **30 €**	TALLAS: **M** ~~29 €~~ **15 €**	TALLAS: **P - M - G** **29 €**

TENDENCIA Y MODA PRIMAVERA - VERANO

B. Ahora, elige una camiseta para ti y otra para un compañero de la clase. Puedes mirar otras camisetas en la página web de Cállate la boca.

- *Para mí, la roja de manga corta. Para Julia, la de tirantes blanca.*

3. YO NUNCA LLEVO SECADOR DE PELO + P. 139, EJ. 7-8; P. 143, 24-26

A. Silvia va a pasar un fin de semana de verano en un apartamento en la costa. ¿Sabes cómo se llaman las cosas que lleva?

gel de baño	ropa interior	un mp3	pasta de dientes
una chaqueta	unas sandalias	el carné de identidad	crema solar
una camiseta	una toalla de playa	dinero	champú
unos pantalones cortos	un libro	una tarjeta de crédito	un secador de pelo
unos zapatos	unas gafas de sol	un cepillo de dientes	
un biquini	aspirinas	un cepillo	

B. Cuando tú sales un fin de semana, ¿llevas las mismas cosas que Silvia? ¿Llevas otras? Coméntalo con un compañero.

- *Yo también llevo siempre aspirinas, pero nunca llevo secador de pelo.*
- *Pues yo siempre llevo mi ordenador portátil...*

EXPLORAR Y REFLEXIONAR

4. ¿ESTA O ESTA? P. 140, EJ. 15

A. Lee los diálogos y fíjate en las palabras en negrita. Escribe debajo de cada diálogo a qué sustantivo se refieren. Marca también el género y el número de ese sustantivo.

¿Cuáles son más bonitas? ¿**Estas** o **estas**?
Las verdes.
sustantivo: ....
masculino femenino singular plural
¿Cuál es más barato? ¿**Este** o **este**?
El gris.
sustantivo: ....
masculino femenino singular plural

¿Cuáles prefieres? ¿**Estos** o **estos**?
Los negros.
sustantivo: ....
masculino femenino singular plural
¿Cuál compro? ¿**Esta** o **esta**?
La azul.
sustantivo: ....
masculino femenino singular plural

B. Ahora marca en los diálogos anteriores todas las palabras que concuerdan en género y en número con los sustantivos **sandalias**, **jersey**, **zapatos** y **camiseta**.

- ¿Cuáles son más bonitas? ¿Estas o estas?
- Las verdes.

C. Observa la viñeta de la derecha. ¿Qué significa **esto**? ¿Cuándo lo usamos?

¿Qué compro para Ángel? ¿**Esto** o **esto**?

5. LA AZUL ES MUY PEQUEÑA

A. ¿De qué crees que hablan? Márcalo.

1. La azul es muy pequeña.
   - un jersey
   - ✓ una camiseta
   - unas sandalias
2. Los verdes son muy bonitos.
   - unas sandalias
   - un biquini
   - ✓ unos pantalones
3. Las más caras son las rojas.
   - unos zapatos
   - ✓ unas sandalias
   - unos jerseys
4. ¡El negro es precioso!
   - ✓ un biquini
   - unas gafas de sol
   - una camiseta

B. ¿A qué otras prendas de ropa pueden referirse estas frases?

1. La azul es muy pequeña.
2. Los verdes son muy bonitos.
3. Las más caras son las rojas.
4. ¡El negro es precioso!

6. ¡BINGO! + P. 140, EJ. 13

A. Este es tu cartón para jugar al bingo. Primero escribe las cifras en letras.

200 € doscientos	500 £	300 £	900 € ....
800 £	400 €	600 £	700 £ ....
500 €	200 £ doscientas	900 £	300 € ....
800 €	600 €	700 €	400 £ ....

26 **B.** Vamos a jugar. Tu cartón tiene que tener once casillas. Por eso, tienes que tachar cinco. Fíjate en el género: ¿dice doscient**os** o doscient**as**?

7. ¿QUÉ TENGO QUE LLEVAR? + P. 139, EJ. 9-11

A. ¿Qué cosas tienes que llevar en las siguientes situaciones? Relaciona.

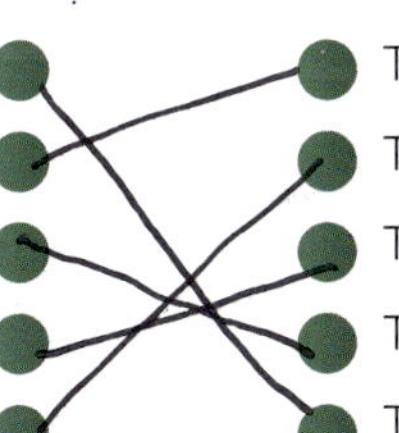

Voy de viaje al extranjero.	Tengo que llevar dinero o una tarjeta de crédito.
Voy de compras.	Tengo que llevar el carné de conducir.
Voy a la playa a tomar el sol.	Tengo que llevar ropa de deporte.
Voy al gimnasio.	Tengo que llevar un protector solar.
Quiero alquilar un coche.	Tengo que llevar el pasaporte.

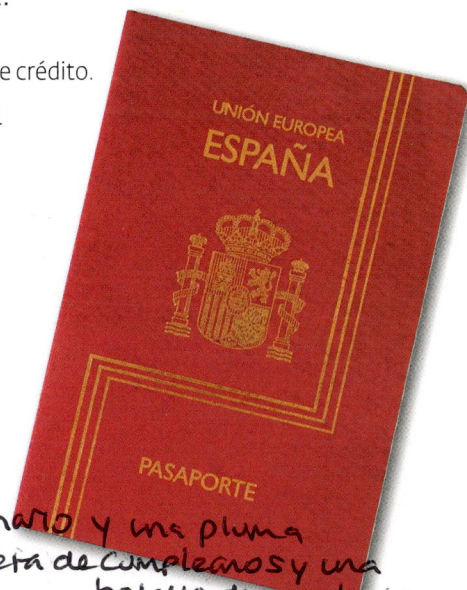

B. ¿Entiendes qué significa **tener que**? ¿Cómo se dice en tu lengua?

C. ¿Qué tienes que llevar en estas situaciones? Termina las frases.

1. Cuando voy a clase de español tengo que llevar, libro, diccionario y una pluma
2. Cuando voy a una fiesta de cumpleaños tengo que llevar una tarjeta de cumpleaños y una botella de vino tinto
3. Cuando voy a cenar a casa de unos amigos tengo que llevar alguna cerveza y una caja de chocolates

carné de conducir = Driving Licence

8. LLEVA UNA CHAQUETA MARRÓN

+ P. 141, EJ. 16; P. 143, EJ. 27-28

A. ¿Qué llevan estas personas?

A

B

C

1. Lleva unas medias negras y un vestido lila.
2. Lleva unos pantalones azules y una camiseta blanca.
3. Lleva una chaqueta marrón y una gorra gris.

B. Escribe más frases para describir la ropa que llevan las personas de las fotos.

Lleva unas zapatillas deportivas negras.

C. ¿Qué ropa llevan las siguientes personas en tu país?

- los hombres / las mujeres de negocios
- los conductores de autobús
- los adolescentes de quince años
- los empleados de banco
- los policías
- los camareros

- *En mi país los policías llevan unas botas negras, unos pantalones azules, una camisa azul claro y una corbata.*
- *Pues en mi país llevan un uniforme...*

9. EN LA TIENDA

+ P. 141, EJ. 17-20; P. 142, EJ. 21

A. Lee este diálogo y completa el cuadro.

- Hola, buenos días.
- Buenos días.
- ¿Qué desea?
- Quería un bolígrafo.
- ¿De qué color?
- Azul.
- Pues mire, aquí tiene varios.
- ¿Cuánto cuestan?
- Este, 80 céntimos, y este otro, 2 euros.
- Vale, pues me llevo este.

1. ¿Qué quiere comprar?	
¿Cómo lo dice?	
2. ¿Pregunta precios?	
¿Cómo lo dice?	
3. ¿Compra algo?	
¿Cómo lo dice?	

B. Ahora completa estas preguntas con **cuesta** o **cuestan**.

1. ¿Cuánto .... estos zapatos?
2. Esta camiseta de aquí, ¿cuánto ....?

27

C. Una chica va de compras con una amiga. Escucha y anota la información que falta.

Quiere comprar ....

Al final compra ....

que cuesta ....

NUMERALES P. 140, EJ. 14

100	cien	1000	mil
101	**ciento** uno*/una	2000	dos mil
102	**ciento** dos	...	
...		10 000	diez mil
200	doscientos/-as	20 000	veinte mil
300	trescientos/-as	...	
400	cuatrocientos/-as	100 000	cien mil
500	**quinientos**/-as	200 000	doscientos/as mil
600	seiscientos/-as	...	
700	**sete**cientos/-as	1 000 000	un millón
800	ochocientos/-as	2 000 000	dos millones
900	**nove**cientos/-as	1 000 000 000	mil millones

 * Delante de un sustantivo: ciento **un** euros.

3 453 276 = tres millones cuatrocientos/as cincuenta **y** tres mil doscientos/as setenta **y** seis.

REFERIRSE A OBJETOS

DEMOSTRATIVOS

ADJETIVOS DEMOSTRATIVOS	PRONOMBRES DEMOSTRATIVOS	
este jersey	**este**	**esto**
esta camiseta	**esta**	
estos zapatos	**estos**	
estas sandalias	**estas**	

- *__Estas__ gafas de sol, ¿cuánto cuestan?*
- *40 euros.*
- *¿Y __estas__?*
- *55 euros.*

- *¡__Este__ jersey es precioso!*
- *Pues yo prefiero __este__.*

EL/LA/LOS/LAS + ADJETIVO

Cuando por el contexto sabemos a qué sustantivo nos referimos, podemos no mencionarlo.
¿Qué coche usamos: __el__ nuevo o __el__ viejo?
Luis quiere comprar la camiseta verde, y Julia, __la__ azul.
Los zapatos más caros son __los__ negros.
Tenemos que llevar las maletas rojas y __las__ negras.

el coche nuevo → **el** nuevo
la camiseta azul → **la** azul
los zapatos negros → **los** negros
las maletas negras → **las** negras

QUÉ + SUSTANTIVO, CUÁL/CUÁLES P. 138, EJ. 4

Para preguntar por objetos o cosas, usamos **qué** + sustantivo.
¿__Qué__ perfume usas? ¡Es muy bueno!

Cuando ya sabemos a qué nos referimos, podemos usar **cuál/cuáles** y no repetir el sustantivo.

- *¿__Qué biquini__ compro para mi hermana?*
- *No sé. ¿__Cuál__ es el más barato?*

- *¿__Qué zapatos__ compro para mi padre?*
- *No sé. ¿__Cuáles__ son más elegantes?*

LÉXICO: COLORES P. 140, EJ. 12

blanco/-a/-os/-as, amarillo/-a/-os/-as, rojo/-a/-os/-as, negro/-a/-os/-as
naranja/s, rosa/s, lila/s, verde/s
azul/es, gris/es, marrón/-ones, beis

- *__De qué color es__ el jersey?*
- *Amarillo.*

EXPRESAR NECESIDAD P. 138, EJ. 5

	TENER	QUE + INFINITIVO
(yo)	tengo	**que** + llevar
(tú)	tienes	
(él/ella/usted)	tiene	
(nosotros/nosotras)	tenemos	
(vosotros/vosotras)	tenéis	
(ellos/ellas/ustedes)	tienen	

Esta noche voy a una fiesta de cumpleaños. __Tengo que llevar__ un regalo.

VERBOS IRREGULARES TERMINADOS EN -IR

P. 138, EJ. 5; P. 139, EJ. 6

	PREFERIR	IR
(yo)	prefiero	voy
(tú)	prefieres	vas
(él/ella/usted)	prefiere	va
(nosotros/nosotras)	preferimos	vamos
(vosotros/vosotras)	preferís	vais
(ellos/ellas/ustedes)	prefieren	van

10. ¿QUÉ FALDA PREFIERES?

A. En parejas, vais a elegir una de las siguientes prendas de ropa para un compañero de clase. ¿Cuál creéis que prefiere?

- *¿Qué falda crees que prefiere Anne? ¿Esta o esta?*
- *Yo creo que esta. Es más su estilo.*

B. Ahora preguntad a vuestro compañero qué prenda prefiere. ¿Habéis acertado?

- *Anne ¿prefieres esta falda o esta?*
- *La roja.*

C. Imaginad un complemento para vuestro compañero o buscadlo en internet. Luego, presentadlo al resto de la clase.

- *El complemento perfecto para la falda de Anne es esta camiseta blanca. Cuesta 15 euros.*

11. UNA SEMANA FUERA

A. En grupos, vais a pasar una semana en uno de estos tres lugares. ¿Cuál elegís?

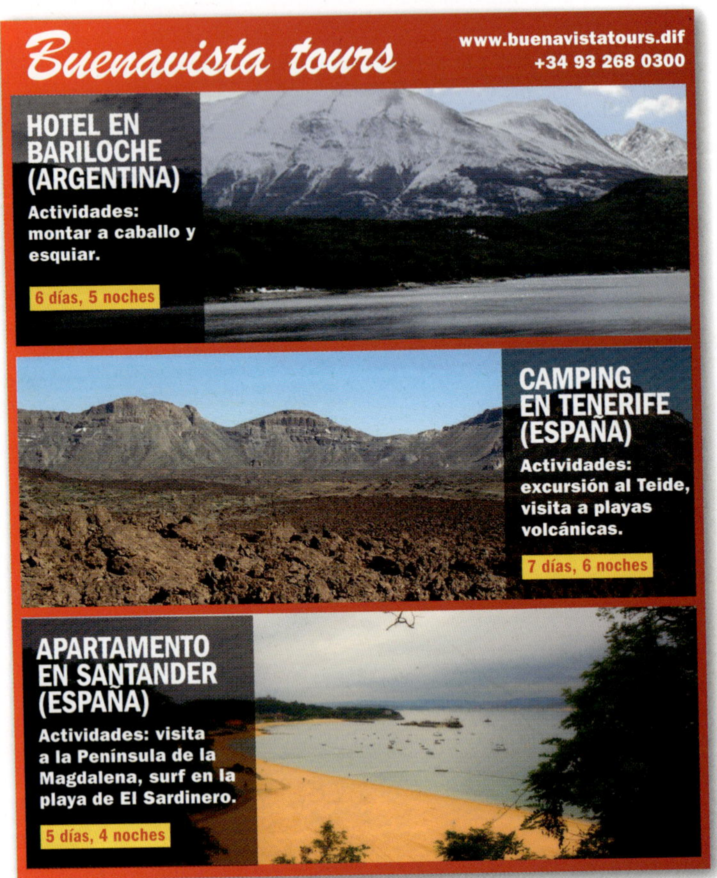

Buenavista tours
www.buenavistatours.dif
+34 93 268 0300
HOTEL EN BARILOCHE (ARGENTINA)
Actividades: montar a caballo y esquiar.
6 días, 5 noches
CAMPING EN TENERIFE (ESPAÑA)
Actividades: excursión al Teide, visita a playas volcánicas.
7 días, 6 noches
APARTAMENTO EN SANTANDER (ESPAÑA)
Actividades: visita a la Península de la Magdalena, surf en la playa de El Sardinero.
5 días, 4 noches

B. Cada uno lleva su ropa. En grupos de tres, pensad en otras cinco cosas que necesitáis y que tenéis que compartir. Haced una lista.

- *Yo creo que tenemos que llevar una guía de montaña.*
- *Sí, es verdad, y un...*

C. Ahora tenéis que decidir cómo vais a conseguir esas cosas. ¿Alguno de vosotros tiene alguna de ellas? ¿Las tenéis que comprar?

- *No tenemos guía, ¿verdad?*
- *No.*
- *Pues tenemos que comprar una.*

12. EL MERCADILLO DE LA CLASE

PEL **A.** Vamos a dividir la clase en vendedores y clientes.

Cliente: tienes que hacer regalos a tres de tus compañeros de la clase, pero solo tienes 100 euros. Decide a qué personas vas a hacer regalos y piensa en el tipo de regalo.

Vendedor: vas a vender un tipo de producto (ropa, accesorios, objetos de clase, etc.). Tienes que encontrar en clase varios objetos de ese tipo. Luego los pones en una mesa y le pones un precio a cada uno. Atención: el precio máximo es 50 euros.

B. ¿Preparados? Ahora podéis empezar a comprar y a vender.

PARA COMUNICAR

CLIENTES

Hola / Buenos días / Buenas tardes.

Quería unos zapatos (para hombre / para mujer).

¿**Cuánto cuesta** este gorro?
¿**Cuánto cuestan** estos calcetines (de aquí)?

Es un poco caro, ¿no? / **¿Tienen algo más barato?**

(Pues) **me llevo estos** / **estos** negros.
(Pues) **me llevo los negros**.

Muchas gracias.

VENDEDORES

Hola / Buenos días / Buenas tardes.

¿Qué desea? / **¿Qué quieres?**
¿De qué color?

x euros.
Sí, **tenemos estos**.

Gracias a usted. / **Gracias a** ti.

13. LOS GIGANTES DE LA MODA ESPAÑOLA

A. ¿Conoces marcas españolas de ropa? ¿Cuáles? Mira las fotografías y comenta con un compañero si esas marcas existen en tu país.

Tienda Women'secret en Madrid (España)

Tienda Bershka en Bogotá (Colombia)

Mango, Zara, Pull&Bear, Women'secret... Son nombres de marcas españolas presentes en muchos países. ¿Cuál es el secreto de su éxito? Ofrecer diseño y calidad a buen precio. Muchas de esas marcas pertenecen a grandes grupos empresariales. Estos son algunos.

INDITEX

Este grupo empresarial tiene actualmente más de 5000 tiendas en muchos países del mundo (más de 4000 están en Europa). Inditex tiene 8 marcas.

Zara: tiendas de ropa de hombre y de mujer.

Pull&Bear: tiendas de moda juvenil para chica y chico.

Bershka: tiendas de ropa de chica y chico, dirigida a un público joven.

Massimo Dutti: tiendas de ropa de hombre y de mujer.

Stradivarius: una marca dedicada a la moda juvenil.

Zara Home: una marca especializada en productos para el hogar y cosméticos.

Oysho: una cadena de tiendas de ropa interior.

Uterqüe: tiendas de accesorios y complementos de moda.

MANGO

Es una multinacional que fabrica y vende ropa y complementos para hombres y mujeres. Tiene más de 1700 tiendas en más de 105 países del mundo (es la empresa de moda española que está en más países). H.E by Mango, creada en 2008, es el nombre de las tiendas de ropa para hombre y ya hay más de 100 tiendas en todo el mundo.

CORTEFIEL

Es otro gran grupo de distribución de moda. Tiene más de 1300 tiendas y varias cadenas.

Cortefiel: la primera marca del grupo, con ropa dirigida a hombres y mujeres de unos 40 años.

Springfield: tiendas de ropa para chicos y chicas de entre 20 y 30 años.

Women'secret: tiendas de ropa interior para mujeres.

Pedro del Hierro: tiendas de ropa de hombre y mujer.

Tienda Springfield en París (Francia)

Tienda Pull&Bear en Rotterdam (Holanda)

Tienda Zara en Tokyo (Japón)

Tienda Mango en Barcelona (España)

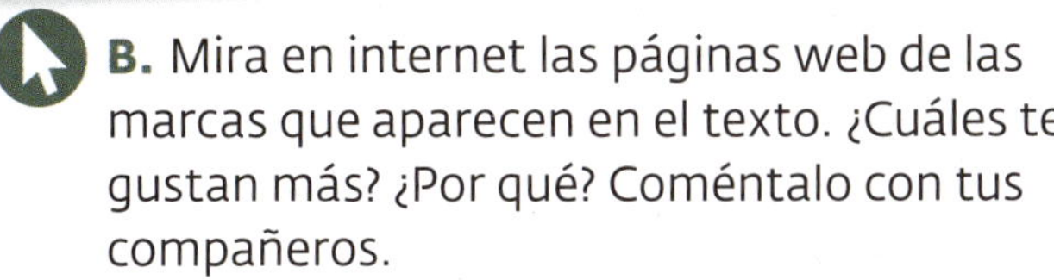

B. Mira en internet las páginas web de las marcas que aparecen en el texto. ¿Cuáles te gustan más? ¿Por qué? Coméntalo con tus compañeros.

C. Busca en internet los siguientes datos sobre una marca de tu país. Luego preséntala a tus compañeros.

Año de creación
Países en los que está presente
Número total de tiendas
Tipo de ropa

VÍDEO

EN CONSTRUCCIÓN

¿Qué te llevas de esta unidad?

Lo más importante para mí:

....

....

Palabras y expresiones:

....

....

Algo interesante sobre la cultura hispana:

....

....

Quiero saber más sobre...

....

....

5 TUS AMIGOS SON MIS AMIGOS

EMPEZAR

1. LAS FOTOS DE MARCELO

A. Mira las fotos de Marcelo. ¿Qué crees que significan estas palabras?

amigo | sobrina | hermano | hermana | padre | compañeros

B. ¿Cómo se llama tu mejor amigo o amiga? ¿Y tus padres? ¿Tienes alguna foto para enseñar a la clase?

• *Esta es Beate, mi mejor amiga...*

Do you have a photo to teach the class

Mis fotos

Con mi amigo Carlos y su novia.

Con mi hermana Laura en el Pirineo.

EN ESTA UNIDAD VAMOS A

PRESENTAR Y A DESCRIBIR A UNA PERSONA

RECURSOS COMUNICATIVOS

- hablar del aspecto y del carácter
- expresar y contrastar gustos e intereses
- preguntar sobre gustos
- hablar de relaciones personales

RECURSOS GRAMATICALES

- el verbo **gustar**
- los cuantificadores (**muy**, **bastante**, **un poco**)
- los posesivos
- **también** / **tampoco**

RECURSOS LÉXICOS

- la familia
- adjetivos de carácter
- música

De excursión con mi hermano.

Con mi sobrina Ana en la playa.

Con mi padre en Sevilla.

Con mis compañeros de clase en Dublín.

2. ¿QUIÉN ES? P. 144, EJ. 2

A. Una revista sortea dos entradas para un concierto de Estrella Morente. Para participar en el sorteo hay que completar algunos datos sobre esta artista. Hazlo con un compañero.

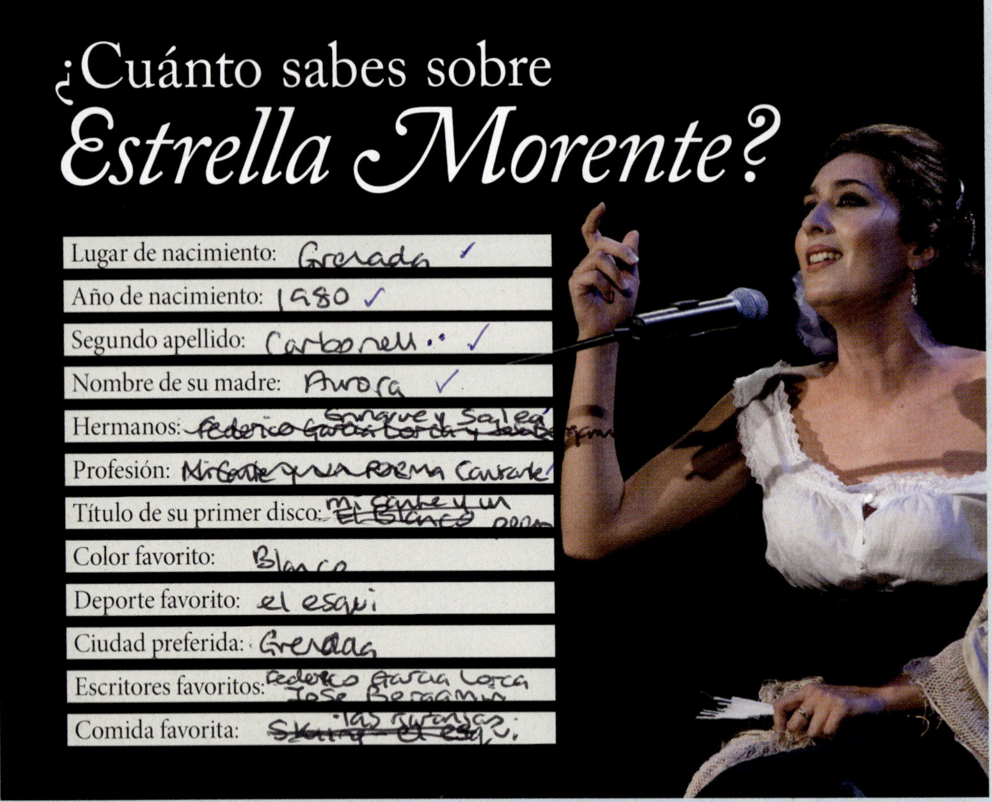

¿Cuánto sabes sobre
Estrella Morente?
Lugar de nacimiento:
Año de nacimiento:
Segundo apellido:
Nombre de su madre:
Hermanos:
Profesión:
Título de su primer disco:
Color favorito:
Deporte favorito:
Ciudad preferida:
Escritores favoritos:
Comida favorita:

- Federico García Lorca y José Bergamín
- las naranjas
- Granada
- 2 (Enrique y Soleá)
- Granada
- cantante
- Carbonell
- 1980
- Mi cante y un poema
- Aurora
- el esquí
- el blanco

> • *Cantante es su profesión, ¿no?*
> ○ *Sí, claro. ¿Y Aurora?*

B. Escribe en la estrella cinco datos sobre ti. Tu compañero tiene que adivinar qué son.

> • *¿Berlín es tu ciudad preferida?*
> ○ *No.*
> • *¿Tu lugar de nacimiento?*
> ○ *Sí.*

C. Ahora explica al resto de la clase una información interesante sobre tu compañero.

> • *El deporte favorito de Helen es el esquí.*

3. CONTACTOS P. 145, EJ. 3-4; P. 149, EJ. 17-19

A. En esta web hay mensajes de estudiantes de idiomas que quieren hacer intercambios en internet. ¿A qué fotografías crees que corresponden estas tres descripciones?

LINGUAM: INTERCAMBIOS LINGÜÍSTICOS

LENGUA MATERNA: ESPAÑOL >> QUIERO PRACTICAR: INGLÉS, FRANCÉS Y RUSO
¡Hola! Me llamo Isabel y soy venezolana. Tengo 26 años, soy periodista y me encanta aprender idiomas. Estudio inglés, francés y ruso. También me gusta cocinar, viajar y estar con mis amigos, pero mi gran pasión es la fotografía. ¡Un abrazo!

LENGUA MATERNA: ESPAÑOL >> QUIERO PRACTICAR: PORTUGUÉS Y CHINO
Hola, amigos y amigas. Soy una chica argentina, tengo 35 años y me llamo María. Estudio portugués y chino. Me gusta mucho leer, escribir y viajar, y me encantan el mar y todos los deportes. También me gusta salir de noche. Espero vuestros mensajes.

LENGUA MATERNA: ESPAÑOL >> QUIERO PRACTICAR: INGLÉS Y ALEMÁN
¡Hola desde Bilbao! Me llamo Amaya y tengo 33 años. Estudio inglés y alemán. Me gusta leer revistas de moda, pasear, ir al cine y sobre todo escuchar música. Mi grupo favorito son los Rolling Stones. ¿Quieres conocerme? ¡Hasta pronto!

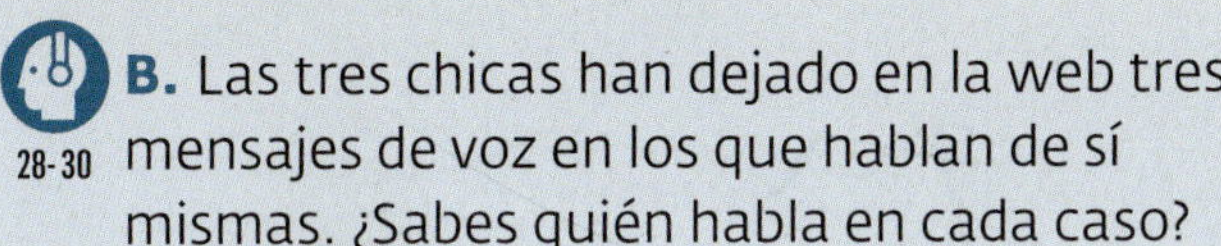

B. Las tres chicas han dejado en la web tres mensajes de voz en los que hablan de sí mismas. ¿Sabes quién habla en cada caso?
28-30

1. Amaya 2. María 3. Isabel

C. Vuelve a escuchar los mensajes. ¿Quién dice estas frases?
28-30

	Isabel	María	Amaya
Soy muy aventurera		✓	
Soy muy divertida y habladora			
Soy alta			✓
Soy una chica normal, morena y bajita	✓		✓
Al principio soy un poco tímida			
Soy una chica agradable y muy sociable	✓	✓	
Soy bastante activa		✓	

D. ¿Con cuál de las tres chicas os gustaría hacer un intercambio? María

- *A mí, con Isabel, porque parece simpática.*
- *A mí, con María, porque parece una persona muy interesante.*

4. TIEMPO LIBRE

A. Una revista de música ha entrevistado a cuatro jóvenes españoles sobre sus gustos musicales. Subraya en los textos la información con la que coincides y coméntalo con tus compañeros.

GUILLERMO. 31 años. Granada

¿Qué tipo de música escuchas normalmente? De todo, pero escucho mucho pop independiente.
¿En inglés? Sí, pero también me interesa el pop en español.
¿Tus grupos favoritos? Me encantan Kings of Leon y Los Planetas.

ANABEL. 30 años. Barcelona

¿Qué tipo de música escuchas normalmente? Me gustan muchos tipos de música, pero últimamente escucho mucha música electrónica.
¿Dónde escuchas música? En todas partes, en el coche, en casa, en el trabajo.
¿Tu cantante o grupo favorito? James Blake.

MÓNICA. 25 años. Madrid

¿Qué tipo de música escuchas normalmente? De todo. Escucho mucho flamenco, mucha música electrónica también...
¿Dónde escuchas música? En casa, pero también me gusta ir a actuaciones de flamenco.
¿Tu cantante o grupo favorito? Enrique Morente. También me gustan mucho Camarón y Mayte Martín.

SERGIO. 28 años. Sevilla

¿Qué tipo de música escuchas normalmente? Clásica y jazz, sobre todo. ¡Me encanta el jazz!
¿Dónde escuchas música? Escucho mucha música en casa. A mi novia también le gusta la música y en casa tenemos muchísimos discos.
¿Y os gusta el mismo tipo de música? Más o menos. A mi novia le gusta mucho la música soul, a mí me interesan más el jazz y la música clásica.

B. Subraya las frases en las que aparece **gusta / gustan**, **encanta / encantan** e **interesa / interesan**. ¿Entiendes la diferencia entre las dos formas? Coméntalo con tu profesor.

C. Ahora, completa este cuadro con los pronombres correspondientes.

A mí	me	gusta/n encanta/n interesa/n
A ti	te	
A él / ella / usted	le	
A nosotros / nosotras	nos	
A vosotros / vosotras	os	
A ellos / ellas / ustedes	les	

D. Busca en internet la música de algunos de los grupos y cantantes mencionados por los entrevistados. Trae a clase una canción y explica si te gusta o no.

5. MIS GUSTOS MUSICALES P. 145, EJ. 6

A. ¿Te gustan estas cosas? Coméntalo con un compañero.

- cantar
- la música electrónica
- los conciertos de música clásica
- las canciones de los Beatles
- escuchar música en la radio
- ir a karaokes
- los bares con música en directo
- comprar discos
- ir a conciertos

PARA COMUNICAR

me **encanta/n**
me **gusta/n** mucho
me **gusta/n** bastante
no me **gusta/n** mucho
no me **gusta/n** nada

- *No me gusta mucho ir a conciertos, porque hay mucha gente. ¿Y a ti?*
- *A mí me encanta. Me gustan mucho los conciertos de jazz.*

B. ¿Coincides en algo con tu compañero? Completa las frases.

A los dos nos gusta ....
A los dos nos gustan ....
A los dos nos encanta ....
A los dos nos encantan ....

A .... y a mí no nos gusta mucho ....
A .... y a mí no nos gustan mucho ....
A .... y a mí no nos gusta nada ....
A .... y a mí no nos gustan nada ....

6. ¿A TI TAMBIÉN? P. 146, EJ. 7-9

A. Observa las viñetas. ¿Entiendes las expresiones marcadas en negrita?

Me encanta bailar.
A mí también.
A mí no. ¡Bailo fatal!

No me gusta nada la ópera.
A mí tampoco, no me gusta cómo cantan.
Ah, **a mí sí**, ¡me encanta!
Carmen

31 **B.** Una chica habla de sus gustos. Escucha y reacciona.

7. LA FAMILIA DE PACO Y LUCÍA

P. 148, EJ. 14-16

A. Este es el árbol genealógico de una familia española. Lee las frases y escribe las relaciones que faltan.

- Paco es el **marido** de Lucía.
- Lucía es la **abuela** de Carla y de Daniel.
- Carla es la **hija** de Abel y de Luisa.
- Daniel es el **nieto** de Paco y de Lucía.
- Marta es la **hermana** de Abel.
- Paco es el **padre** de Marta y de Abel.
- Marta es la **tía** de Carla.
- Daniel es el **primo** de Carla.

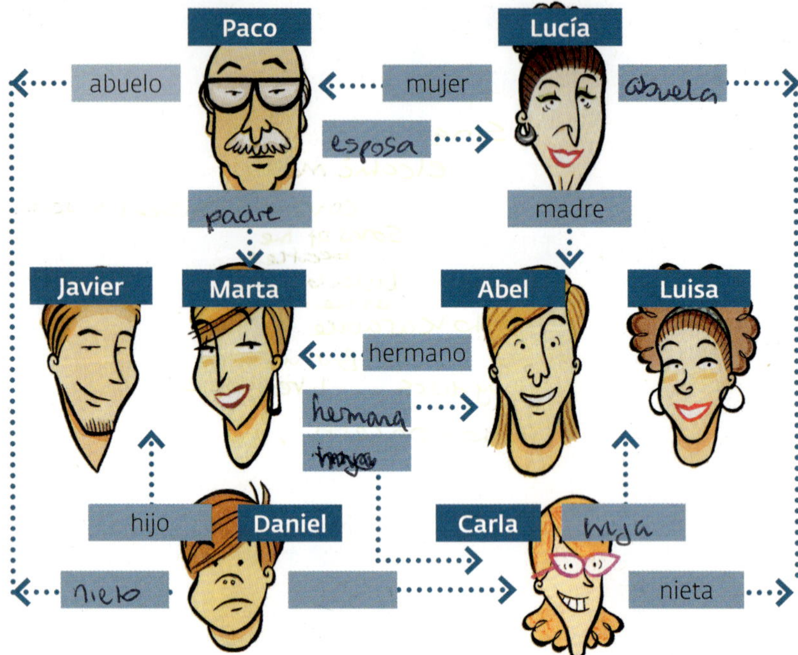

B. Luisa chatea con una amiga. ¿De qué personas de la familia habla? ¿Qué dice de ellas?

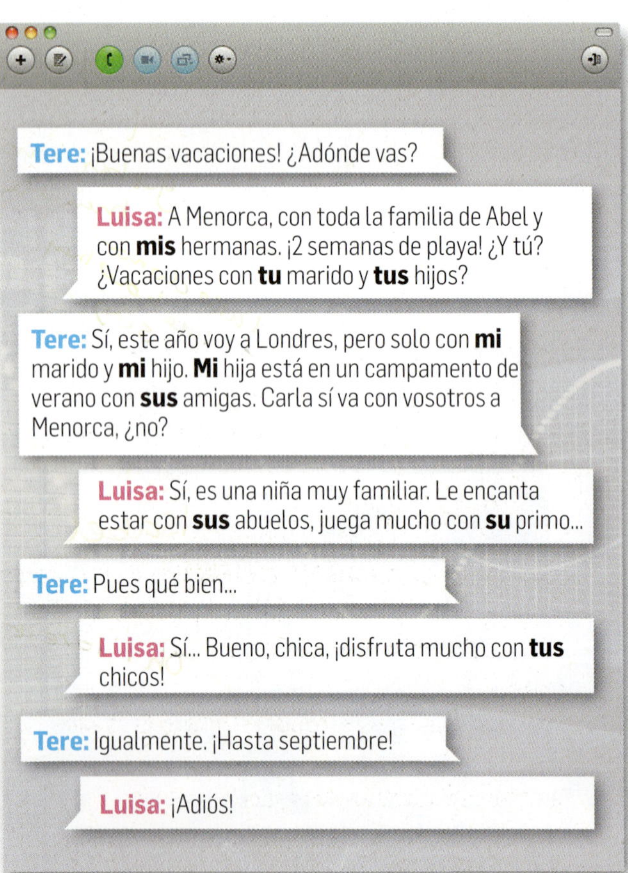

Tere: ¡Buenas vacaciones! ¿Adónde vas?
Luisa: A Menorca, con toda la familia de Abel y con **mis** hermanas. ¡2 semanas de playa! ¿Y tú? ¿Vacaciones con **tu** marido y **tus** hijos?
Tere: Sí, este año voy a Londres, pero solo con **mi** marido y **mi** hijo. **Mi** hija está en un campamento de verano con **sus** amigas. Carla sí va con vosotros a Menorca, ¿no?
Luisa: Sí, es una niña muy familiar. Le encanta estar con **sus** abuelos, juega mucho con **su** primo...
Tere: Pues qué bien...
Luisa: Sí... Bueno, chica, ¡disfruta mucho con **tus** chicos!
Tere: Igualmente. ¡Hasta septiembre!
Luisa: ¡Adiós!

C. Fíjate en las palabras marcadas en negrita en el chat y completa las tablas.

	SINGULAR	PLURAL
1ª persona del singular (yo)	..... hijo **mi** hija	**mis** hermanos ..... hermanas

	SINGULAR	PLURAL
2ª persona del singular (tú)	..... marido **tu** mujer	..... chicos **tus** chicas

	SINGULAR	PLURAL
3ª persona del singular (él/ella/usted)	..... primo **su** prima	..... abuelos **sus** abuelas

D. Traduce a tu lengua las siguientes palabras. ¿Qué diferencias hay entre tu lengua y el español?

- Mis padres (mi padre y mi madre):
- Mis hijos (un chico y dos chicas):
- Mis hijos (dos chicos):
- Mis hermanos (un chico y una chica):
- Mis hermanos (dos chicos):
- Mi tío (el hermano de mi padre):
- Mi tío (el hermano de mi madre):

ASPECTO Y CARÁCTER

ASPECTO FÍSICO

Es	(un chico / una chica) (un hombre / una mujer)	**muy** **bastante** **un poco***	guapo/-a feo/-a alto/-a bajito/-a delgado/-a gordito/-a normal moreno/-a rubio/-a

CARÁCTER

Es **Parece**	(un chico / una chica) (un hombre / una mujer) (una persona**)	**muy** **bastante** **un poco***	divertido/-a aburrido/-a abierto/-a cerrado/-a serio/-a simpático/-a tímido/-a majo/-a interesante inteligente alegre agradable sociable

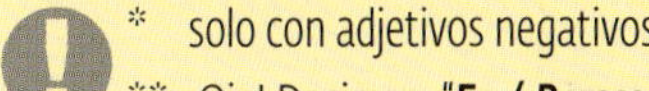

* solo con adjetivos negativos

** ¡Ojo! Decimos: "***Es / Parece muy buena persona***"

- *¿Qué tal la nueva profesora?*
- *No sé, **parece bastante** maja.*

GUSTOS E INTERESES P. 145, EJ. 5

EL VERBO GUSTAR

(A mí) (A ti) (A él/ella/usted) (A nosotros/nosotras) (A vosotros/vosotras) (A ellos/ellas/ustedes)	**me** **te** **le** **nos** **os** **les**	gusta	el cine. (NOMBRES EN SINGULAR) ir al cine. (VERBOS)
		gustan	las películas de acción. (NOMBRES EN PLURAL)

(A mí) **Me encanta** (A mí) **Me gusta mucho** (A mí) **Me gusta bastante** (A mí) **No me gusta mucho** (A mí) **No me gusta** (A mí) **No me gusta nada**	el flamenco.

PREGUNTAR SOBRE GUSTOS

- *¿**Te gusta** el jazz?*
- *Pues no, no mucho.*

- *¿**Qué tipo de** música **te gusta** (más)?*
- *La música electrónica.*

- *¿**Qué** deporte **te gusta** (más)?*
- *El baloncesto.*

- *¿**Cuál** es tu color **favorito / preferido**?*
- *El verde.*

CONTRASTAR GUSTOS

- *Me encanta el golf.*
- ***A mí también.***
- ***A mí no.***

- *No me gusta nada el golf.*
- ***A mí tampoco.***
- ***A mí sí.***

- *¿Qué hacéis normalmente los viernes por la noche?*
- ***A mí me** gusta ir al cine, pero **a ella le** encanta quedarse en casa.*

- *¿Con quién vas al cine normalmente?*
- *Con mi marido. **A los dos nos** encanta.*

RELACIONES PERSONALES P. 144, EJ. 1; P. 147, EJ. 11

LOS POSESIVOS

SINGULAR	PLURAL
mi padre **mi** madre	**mis** hermanos **mis** hermanas
tu padre **tu** madre	**tus** hermanos **tus** hermanas
su padre **su** madre	**sus** hermanos **sus** hermanas

mi amigo Luis
mi amiga Carla

un amigo (**mío**)
una amiga (**mía**)
un compañero de trabajo

LÉXICO: FAMILIA

Paco y Lucía son **los padres de** Marta y **de** Abel. (madre + padre = **padres**)
Marta y Abel son **los hijos de** Paco y **de** Lucía. (hijo + hija = **hijos**)
Paco y Lucía son **los abuelos de** Daniel y **de** Carla. (abuelo + abuela = **abuelos**)
Marta y Abel son **hermanos**. (hermano + hermana = **hermanos**)

Para personas divorciadas se usa **ex marido** y **ex mujer**.
Para personas con las que tenemos una relación sentimental se usa **novio/a**, **compañero/a** o **pareja**.

8. ¿TIENES HERMANOS? P. 146, EJ. 10

A. Explica a un compañero cómo se llaman tus familiares. Tu compañero dibuja tu árbol genealógico.

- *¿Tienes hermanos?*
- *Sí. Tengo dos hermanos: un hermano y una hermana. Mi hermana se llama Sara...*

B. Cuenta algo especial de cada uno.

- *Mi hermana Sara toca el violín.*

9. SOY UNA PERSONA BASTANTE TÍMIDA

A. ¿Cómo eres? Escribe una descripción de ti en una hoja suelta.

PARA COMUNICAR

Creo que **soy** una pesona **muy / bastante / poco**... y **muy / bastante / poco**...
En mi tiempo libre **me encanta**...
Otras cosas que me gusta hacer son... **y**...
No me gusta/n nada... **ni**...
Mi color favorito es el...
Mi comida favorita es el / la...
Mi deporte favorito es el / la...

B. Tu profesor recoge las hojas y las reparte. Cada alumno debe adivinar de quién es la descripción que tiene. Comentadlo en grupos.

- *Yo creo que este es Nils porque dice que es muy hablador y le gusta mucho el jamón serrano.*

10. ES UN HOMBRE DE UNOS 30 AÑOS

32

A. Tres estudiantes juegan a adivinar personajes. ¿Sabes de qué personajes se trata?

33

B. Escucha y comprueba.

C. Prepara una descripción de un personaje famoso, real o de ficción, o de un alumno de la clase. Luego, lee la descripción a un compañero. ¿Sabe quién es?

PARA COMUNICAR

un **niño**	un **hombre / señor**
una **niña**	una **mujer / señora**
un **chico**	un **señor mayor**
una **chica**	una **señora mayor**

Tiene 20 **años**.
Tiene unos 40 **años**. = **Tiene aproximadamente** 40 **años**.

11. YO QUIERO CONOCER AL HERMANO DE FLAVIA

PEL **A.** Imagina que puedes invitar a clase a una persona que conoces (un familiar, un amigo o una amiga, etc.). Prepara una descripción de esa persona: su nombre, su relación contigo, su edad, su profesión, sus gustos, etc.

Persona elegida
Relación conmigo
Nacionalidad
Profesión
Edad
Aspecto físico
Carácter
Gustos y aficiones

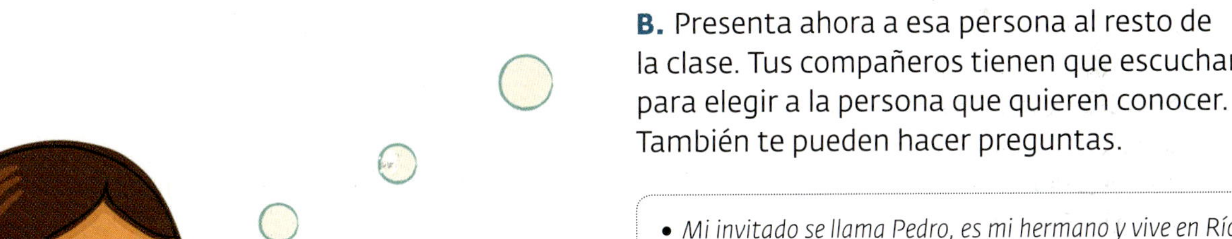

B. Presenta ahora a esa persona al resto de la clase. Tus compañeros tienen que escuchar para elegir a la persona que quieren conocer. También te pueden hacer preguntas.

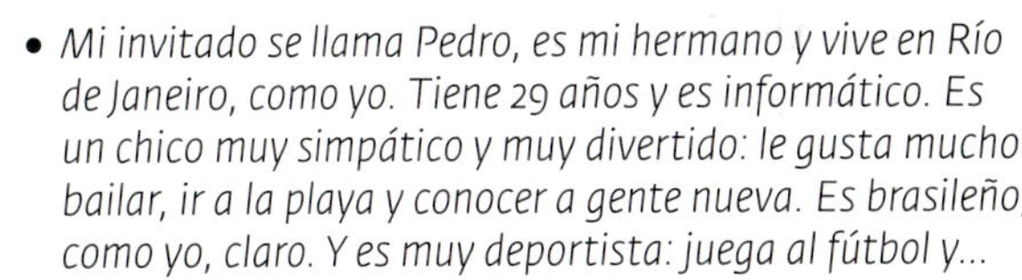

- *Mi invitado se llama Pedro, es mi hermano y vive en Río de Janeiro, como yo. Tiene 29 años y es informático. Es un chico muy simpático y muy divertido: le gusta mucho bailar, ir a la playa y conocer a gente nueva. Es brasileño, como yo, claro. Y es muy deportista: juega al fútbol y...*
- ○ *¿Es guapo?*
- *Sí, muy guapo.*
- ○ *¿Habla español o inglés?*

C. Ahora cada estudiante debe decidir a qué invitado quiere conocer y explicar por qué.

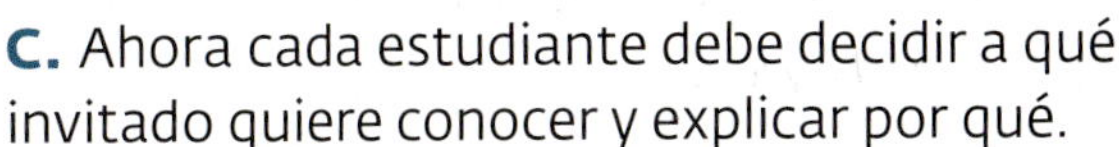

- *Yo quiero conocer al hermano de Flavia, Pedro, porque parece un chico muy divertido y activo. Además, a mí también me gusta ir a la playa y bailar.*

12. DE FESTIVAL EN FESTIVAL

A. ¿Qué festivales de música conoces? Explica en clase:

- ¿En qué ciudad se celebran?
- ¿Cuándo se celebran?
- ¿Qué tipo de conciertos hay?

B. Aquí tienes un texto sobre 3 festivales de música. Léelo y comenta con un compañero cuál te parece más interesante.

C. Elige un festival de la lista u otro que te interesa y busca información sobre él. Luego, prepara una pequeña exposición para tus compañeros.

Nombre del festival
Fechas
Ciudad
Tipo de música
Artistas invitados
Otras características

TRES FESTIVALES IMPRESCINDIBLES

1 FESTIVAL DE JAZZ DE SAN SEBASTIÁN

El Festival de Jazz de San Sebastián se celebra el mes de julio y en su programa siempre hay grandes estrellas del jazz contemporáneo como Miles Davis, Chick Corea y Ella Fitzgerald.

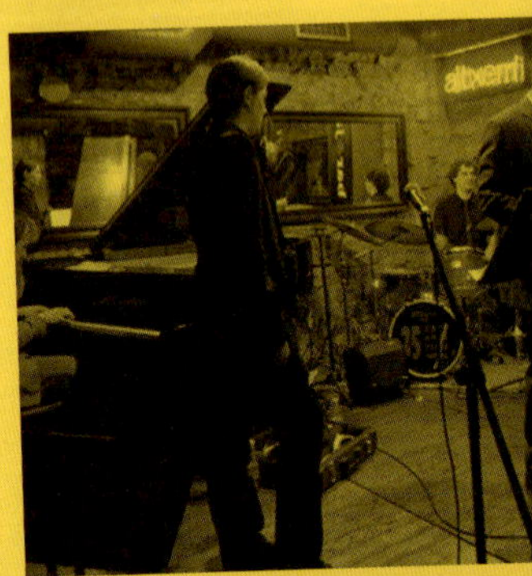

3 FIB

En julio se celebra en Benicàssim, Castellón, uno de los festivales más importantes de Europa, donde actúan las estrellas (nacionales e internacionales) más importantes de la música pop, rock y disco del momento. ¿Te gustan Franz Ferdinand, Arctic Monkeys y Muse? Entonces, ¡este es tu festival!

OTROS FESTIVALES

Sónar (Barcelona, junio)
Azkena Rock Festival (Vitoria, junio)
Primavera Sound (Barcelona, mayo)
Monegros Festival (provincia de Huesca, julio)
ViñaRock (Villarobledo, Albacete, mayo)
FestiMAD (Madrid, mayo)

CON LA LLEGADA DEL BUEN TIEMPO, LOS AMANTES DE LA MÚSICA PUEDEN DISFRUTAR DE CONCIERTOS AL AIRE LIBRE. EN ESPAÑA HAY MUCHOS FESTIVALES DE MÚSICA, ESPECIALMENTE ENTRE LOS MESES DE MAYO Y SEPTIEMBRE. TE RECOMENDAMOS TRES DE ELLOS.

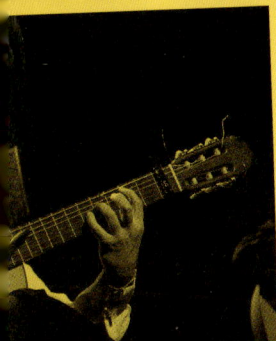

2 BIENAL DE FLAMENCO

La Bienal de Flamenco de Sevilla es un gran festival que, cada dos años, programa casi 100 actuaciones de cante, baile y guitarra. Se celebra durante el mes de septiembre y en él actúan grandes estrellas del flamenco. Este es tu festival si te gustan Sara Baras, Tomatito o Mayte Martín.

VÍDEO

EN CONSTRUCCIÓN

¿Qué te llevas de esta unidad?

Lo más importante para mí:

....

....

Palabras y expresiones:

....

....

Algo interesante sobre la cultura hispana:

....

....

Quiero saber más sobre...

....

....

6 DÍA A DÍA

EMPEZAR

1. EL MARTES POR LA TARDE

+ P. 150, EJ. 1

A. Una revista pregunta a sus lectores cuál es su momento preferido de la semana. Relaciona las respuestas con las fotografías.

B. ¿Hacéis algunas de esas actividades? ¿Cuándo?

PARA COMUNICAR

los lunes	los viernes	por la mañana
los martes	los sábados	por la tarde
los miércoles	los domingos	por la noche
los jueves	el fin de semana	

- *Yo también hago yoga; los lunes y miércoles por la noche.*

C. ¿Cuál es tu momento preferido de la semana? ¿Por qué?

- *Mi momento preferido de la semana es el viernes por la tarde, porque empieza el fin de semana.*
- *Pues mi momento preferido es el sábado por la mañana, porque puedo dormir.*

¿Cuál es tu momento preferido de la semana?

"*Lidia:* El lunes y el miércoles a la hora de cenar, porque estoy con mis hijas."

"*Elena:* El domingo por la mañana cuando paseo con mi perro."

EN ESTA UNIDAD VAMOS A

CONOCER LOS HÁBITOS DE NUESTROS COMPAÑEROS Y DAR PREMIOS

RECURSOS COMUNICATIVOS

- hablar de hábitos
- expresar frecuencia
- preguntar y decir la hora

RECURSOS GRAMATICALES

- el presente de indicativo de algunos verbos irregulares
- los verbos reflexivos
- **Yo también / Yo tampoco / Yo sí / Yo no**
- **Primero / Después / Luego**

RECURSOS LÉXICOS

- los días de la semana
- las partes del día
- actividades diarias

Blanca: Todas las mañanas cuando me levanto hago media hora de yoga. ¡Me encanta!
Sergio: El jueves por la noche, porque toco con mi grupo de música.
Manu: El fin de semana, porque voy al monte con mis amigos.
Yo:

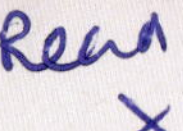

2. ¿CUIDAS TU IMAGEN? P. 150, EJ. 2-3; P. 155, EJ. 22

A. ¿Crees que cuidas tu imagen? Responde a este test.

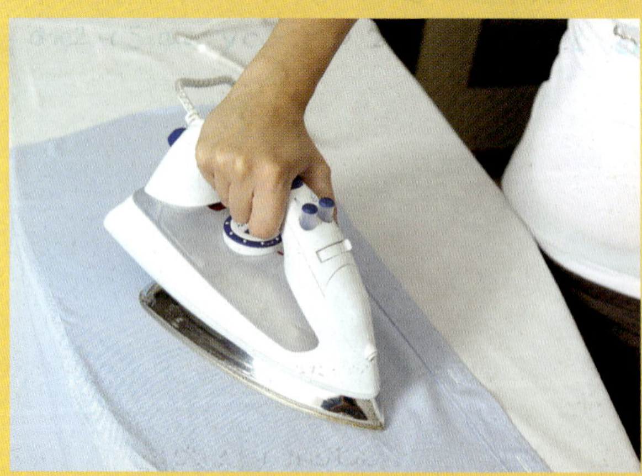

~TEST~ ¿Cuidas tu imagen?

1. ¿Cuánto tiempo necesitas para vestirte?
a. Una hora.
b. 20 minutos como mínimo.
c. 5 minutos (o menos).

2. ¿Vas mucho a la peluquería?
a. Una vez al mes como mínimo.
b. Unas tres o cuatro veces al año.
c. No, casi nunca.

3. ¿Te maquillas o te afeitas todos los días?
a. Sí, todos los días.
b. No, solo a veces.
c. No me maquillo / afeito nunca.

4. ¿Te pones perfume todos los días?
a. Sí.
b. No, solo en ocasiones especiales.
c. No, nunca me pongo perfume.

5. ¿Te miras mucho en el espejo?
a. Sí, cada vez que veo uno y también en los escaparates de las tiendas.
b. No mucho, dos o tres veces al día.
c. No, odio los espejos.

6. ¿Haces deporte?
a. Sí, voy al gimnasio tres veces a la semana como mínimo.
b. Sí, los fines de semana.
c. No, nunca.

7. ¿Te pones cremas para la cara o para el cuerpo?
a. Sí, me pongo varias cremas todos los días.
b. Sí, a veces.
c. No, no me gusta ponerme cremas.

8. ¿Planchas toda la ropa?
a. Sí.
b. No, solo algunas cosas especiales.
c. No, no plancho nunca.

RESULTADOS

Mayoría de respuestas a: eres una persona presumida. La imagen es muy importante para ti y te gusta tener muy buen aspecto.

Mayoría de respuestas b: te gusta tener un buen aspecto, pero eso para ti no es lo más importante.

Mayoría de respuestas c: no cuidas demasiado tu imagen. Seguramente es que no lo necesitas.

B. Cuenta tus respuestas y mira los resultados. Luego, en pequeños grupos comparad los resultados. ¿Estáis de acuerdo? ¿Quién es el más presumido?

3. MAFALDA P. 151, EJ. 4

A. Estos son cuatro personajes de Mafalda, un cómic del dibujante argentino Quino. Lee los textos y relaciona a cada personaje con algunas características de su personalidad.

MAFALDA

Mafalda es una niña inteligente y muy curiosa, que les hace muchas preguntas a sus padres. Le gusta mucho ir a la escuela y le entusiasma aprender cosas. A menudo lee el periódico y es muy crítica con la situación política del mundo. A Mafalda no le gustan las injusticias y sueña con un mundo mejor.

MANOLITO

Manolito es un niño un poco bruto y en la escuela no es buen estudiante. Pero es que a él no le interesa la escuela. Manolito quiere ganar dinero y ser un hombre importante. Todas las tardes y los fines de semana, trabaja en la tienda de su padre. De mayor, quiere abrir una cadena de supermercados.

SUSANITA

Es muy amiga de Mafalda, pero las dos son muy diferentes. A Susanita le encanta hablar de la vida de los demás y criticarlos. Cree que es el centro del universo. De mayor, quiere casarse con un hombre rico y guapo, y tener muchos hijos.

FELIPE

Felipe es muy tímido, le gusta mucho una niña de su escuela, pero no se atreve a hablar con ella. No hace nunca los deberes porque prefiere dormir o jugar. No le gusta nada ir a clase y, por la mañana, sueña que la escuela ya no existe.

- .... es el / la más vago/-a y el / la más indeciso/-a.
- .... es el / la más egocéntrico/-a y cotilla.
- .... es el / la más trabajador/a y ambicioso/-a.
- .... es el / la más idealista y estudioso/-a.

B. ¿Cómo eres tú?

PARA COMUNICAR

Mi familia **dice que** soy...
Mis amigos **creen que** soy...
Mis compañeros de trabajo **dicen que** soy...
Mi novio/a **dice que** soy...
porque...

C. Busca tiras cómicas de Mafalda en internet. Elige una que entiendes y que te gusta. ¿Ves alguna de las características de los personajes? Coméntalo con tus compañeros.

4. ¿QUÉ HORA ES? + P. 151, EJ. 5

A. Observa cómo se dice la hora en español.

Son las doce y veinticinco.

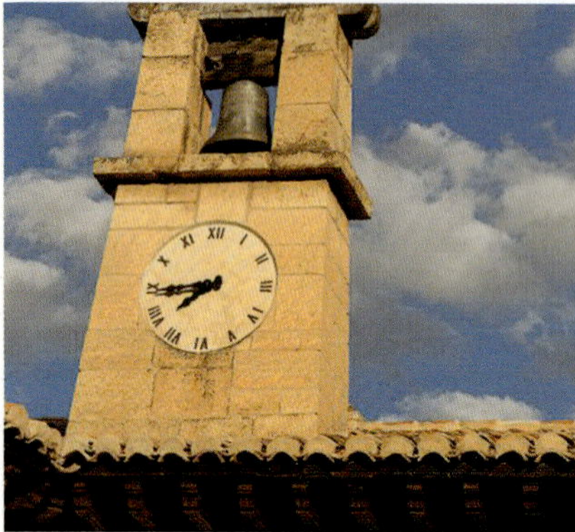

Son las ocho menos cuarto.

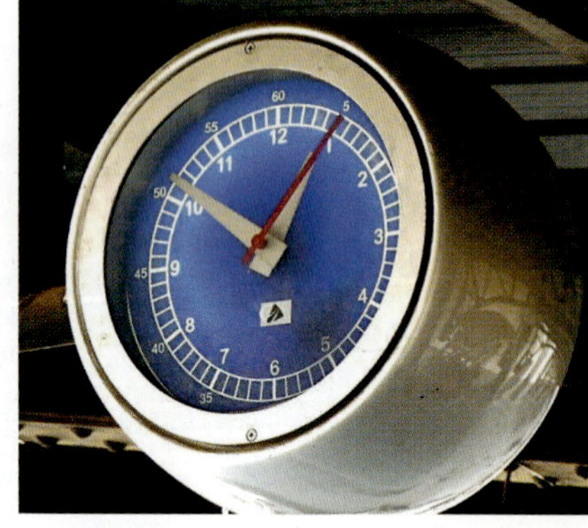

Es la una menos nueve.

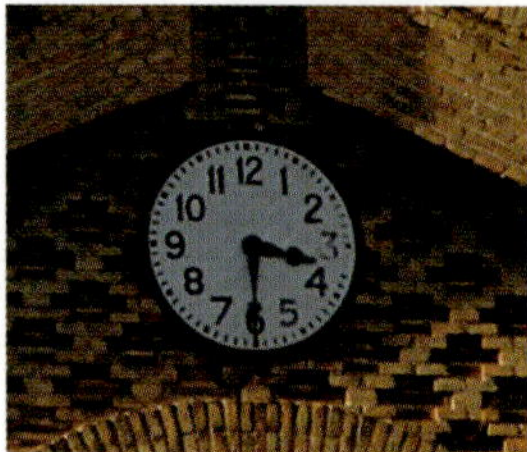

Son las tres y media.

Son las doce y cuarto.

Son las tres y veintiséis.

B. ¿Puedes escribir estas horas?

12:30	18:20	20:55
17:15	19:45	15:25

34-39 **C.** Escucha la grabación y señala en qué orden oyes las horas del apartado anterior.

34-39 **D.** Vuelve a escuchar y anota en tu cuaderno las diferentes maneras de preguntar la hora.

5. UN DÍA NORMAL + P. 151, EJ. 6-7; P. 152, EJ. 8-10

A. ¿Cómo es un día normal para un profesor de enseñanza primaria en tu país? ¿A qué horas crees que hace estas cosas? Coméntalo con tus compañeros.

Se levanta a las ......

Empieza a trabajar a las ......

Come a las ......

Sale del trabajo a las ......

Cena a las ......

Se acuesta a las ......

- *Yo creo que en Alemania un profesor se levanta a las ocho y media.*
- *¿Sí? Yo creo que a las siete...*

40 **B.** Ahora una profesora española cuenta cómo es un día normal en su vida. Toma notas y luego compara su horario con el de un profesor de tu país.

C. En español, algunos verbos se construyen con los pronombres **me / te / se / nos / os / se** (como **levantarse**). Se llaman verbos reflexivos. ¿Puedes encontrar otro verbo reflexivo en el apartado A? ¿Y en las páginas anteriores?

6. TODOS LOS DÍAS P. 153, EJ. 12-14

A. Mira la agenda de Pedro. ¿Cómo crees que es? Coméntalo con tus compañeros.

Lunes	Martes	Miércoles	Jueves	Viernes	Sábado	Domingo
1 GIMNASIO INGLÉS	2 FÚTBOL FERNANDO	3 GIMNASIO INGLÉS	4 FÚTBOL YOGA	5 GIMNASIO CENA CON CARMEN Y ROSA	6 TENIS FERNANDO	7 COMIDA EN CASA DE LA ABUELA
8 GIMNASIO INGLÉS	9 FÚTBOL	10 GIMNASIO INGLÉS FERNANDO	11 FÚTBOL YOGA	12 GIMNASIO "LA CELESTINA" TEATRO NACIONAL	13 TENIS	14 COMIDA EN CASA DE LA ABUELA
15 GIMNASIO INGLÉS	16 FÚTBOL	17 GIMNASIO INGLÉS	18 FÚTBOL YOGA	19 GIMNASIO CENA CON JUAN Y MARÍA	20 TENIS FERNANDO	21 COMIDA EN CASA DE LA ABUELA
22 GIMNASIO INGLÉS	23 FÚTBOL	24 GIMNASIO INGLÉS FERNANDO	25 FÚTBOL YOGA FERNANDO	26 GIMNASIO CENA CON CARMEN	27 TENIS	28 COMIDA EN CASA DE LA ABUELA

- deportista
- familiar
- maniático
- perezoso
- organizado
- raro

B. ¿Con qué frecuencia hace Pedro estas actividades?

hacer yoga · comer con la familia · cenar con amigos · hacer deporte · ir a clases de inglés · ir al teatro · salir con Fernando

Casi todos los días ....

Una vez a la semana ....

Dos veces a la semana ....

Los domingos ....

Normalmente, los viernes ....

A veces ....

A menudo ....

C. ¿Tienes algo en común con Pedro? Escríbelo y coméntalo con tus compañeros.

Yo también hago deporte casi todos los días.

7. SIEMPRE HAGO LA CAMA DESPUÉS DE DESAYUNAR

En parejas. Imaginad que un amigo os dice estas frases. ¿Qué le respondéis? Habladle de vuestras costumbres.

1. Me lavo los dientes **antes y después de** comer.
2. No voy casi nunca al gimnasio **antes de** trabajar.
3. A veces estudio por la noche, **después de** cenar.
4. Nunca veo la televisión **después de** cenar.
5. Me ducho siempre **antes de** acostarme.
6. Por las mañanas, **primero** tomo un café, **después** me ducho y **luego** hago la cama.

PARA COMUNICAR

yo **sí** / yo **no** / yo **también** / yo **tampoco**
yo **siempre** / yo **nunca** / yo **a veces**
yo **antes** / yo **después**

8. EL DÍA DE REYES P. 154, EJ. 15-19

A. Lee la siguiente historia. ¿Quién la cuenta? ¿Qué es el día de Reyes? ¿Se celebra en tu país?

Unos días antes...
Marta y yo escribimos la carta a los Reyes. Luego, vamos a ver a nuestro rey preferido y le damos la carta. Mi rey preferido es Baltasar, que siempre se viste con ropa de muchos colores.

5 de enero, 16 – 18 h
Nos vestimos bien y salimos para ver la cabalgata de reyes. Los Reyes Magos llegan a la ciudad y todo el mundo sale a la calle para verlos.

5 de enero, 20 – 21 h
Volvemos a casa y ponemos en el balcón nuestros zapatos y un poco de agua para los camellos. Luego, nos acostamos. Pero en realidad, yo no duermo nada...

5 de enero, 23:30 – 00:15 h
Cuando mis padres se acuestan, salgo de la habitación y voy al balcón para ver a los Reyes, pero nunca los veo... Al final, vuelvo a la cama y me acuesto.

6 de enero, 6:00 h
Por la mañana Marta se despierta antes que yo, va al balcón y grita: "¡Miguel, no hay carbón! ¡Hay muchos regalos!" Entonces, mis padres y yo nos despertamos y vamos al balcón para abrir los regalos.

6 de enero, 6:30 – 9 h
Mis padres vuelven a la cama para dormir un rato más y nosotros empezamos a jugar con los regalos. Cuando mis padres se despiertan, se visten y preparan el desayuno. Es el mejor día del año.

B. Completa la tabla con los verbos que aparecen en el texto. ¿Qué formas irregulares hay?

VESTIRSE	ACOSTARSE	DESPERTARSE	SALIR
me visto		me despierto	
te vistes	te acuestas	te despiertas	sales
	se acuesta		
os vestís	os acostáis	os despertáis	salís
			salen

C. Escribe la historia desde el punto de vista de los padres. ¿Qué verbos cambian?

D. Piensa en un día especial que celebras todos los años con tu familia o amigos. Cuenta a tus compañeros cómo lo vives.

LOS DÍAS DE LA SEMANA

lunes / martes / miércoles / jueves / viernes
sábado / domingo → fin de semana

- *¿Sabes qué día es hoy?*
- *¿Hoy? **(Ø)** Lunes.*

¿Qué día es hoy?
Domingo.

- *¿Cuándo llegas?*
- ***El** viernes a las siete de la tarde.*

- *¿Qué haces **los** domingos?*
- *Normalmente me levanto tarde y como con mi familia.*

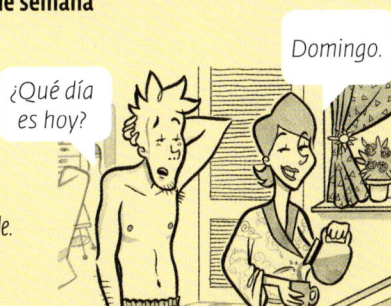

LA HORA

- *¿Qué hora es? / ¿Tienes/Tiene hora?*
- ***La** una **en punto**.*
  ***Las** dos **y** diez.*
  ***Las** cuatro **y** cuarto.*
  ***Las** seis **y** media.*
  ***Las** ocho **menos** veinte.*
  ***Las** diez **menos cuarto**.*

Perdone, ¿tiene hora?
Sí, mire, son las cinco menos cinco.

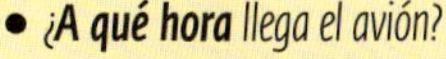

- *¿**A qué hora** llega el avión?*
- ***A las** seis **de la mañana**.* (06.00)
  ***A las** doce **del mediodía**.* (12.00)
  ***A las** seis y media **de la tarde**.* (18.30)*
  ***A las** diez **de la noche**.* (22.00)*

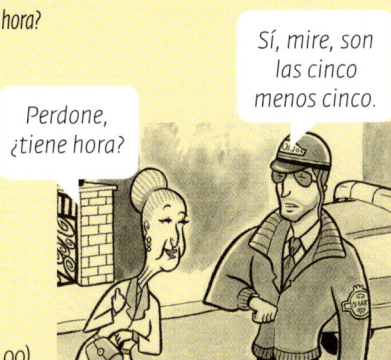

* En los servicios públicos se utilizan también las formas:
las dieciocho treinta, las veintidós cuarenta y cinco, etc.

VERBOS REFLEXIVOS

	LEVANTARSE
(yo)	**me** levanto
(tú)	**te** levantas
(él/ella/usted)	**se** levanta
(nosotros/nosotras)	**nos** levantamos
(vosotros/vosotras)	**os** levantáis
(ellos/ellas/ustedes)	**se** levantan

Otros verbos: **despertarse**, **acostarse**, **vestirse**, **ducharse**...

SITUAR EN EL DÍA

Por la mañana	**A / Al mediodía**
Por la tarde	**Por la noche**

***Por la mañana** voy a la universidad y, **por la tarde**, trabajo en un bar.*

SECUENCIAR ACCIONES

Primero, ...	**Después, ...**	**Luego, ...**

*Yo, **primero**, voy al baño y **después** me ducho. **Luego** me visto...*

Después de + infinitivo	**Antes de** + infinitivo

*Me lavo los dientes **después de** comer.*
*Me ducho siempre **antes de** desayunar.*

EXPRESAR FRECUENCIA

Todos los días / **Todas las** semanas / **Todos los** meses...
Todos los sábados / **Todas las** tardes...

Una vez a la semana / Una vez al mes...
Dos veces a la semana / Dos veces al mes...

Los viernes / Los sábados / Los domingos...

Normalmente — **(Casi) siempre**
A menudo — **(Casi) nunca**
A veces

- *Yo voy al gimnasio **tres veces a la semana** como mínimo.*
- *Pues yo no voy **casi nunca**.*

VERBOS IRREGULARES EN PRESENTE

O > UE	E > IE	E > I	1ª persona del singular (yo)
volver	**empezar**	**vestirse**	**hacer**
vuelvo vuelves vuelve volvemos volvéis vuelven	empiezo empiezas empieza empezamos empezáis empiezan	me visto te vistes se viste nos vestimos os vestís se visten	hago haces hace hacemos hacéis hacen
dormir **acostarse** **poder**	**preferir** **querer** **despertarse**	**pedir** **servir**	**venir** (vengo) **poner** (pongo) **salir** (salgo)

Natalia Aparicio, 20 años, estudiante.

9. ES UNA PERSONA MUY SANA

P. 153, EJ. 11; P. 154, EJ. 20

A. En parejas. ¿Qué es para vosotros una persona...

- sana?
- juerguista?
- intelectual?
- casera?

- *Una persona sana es una persona que hace mucho deporte y que cuida su alimentación.*
- *Sí, y que no fuma, no bebe mucho...*

41-42 **B.** Vas a escuchar a algunas personas hablando de Berta y de Natalia. ¿Cómo son? ¿Por qué?

	Dicen que es...	¿Por qué?
1. Berta		
2. Natalia		

Berta Rodrigo, 38 años, taxista.

10. PRIMERO, DESPUÉS, LUEGO

A. ¿En qué orden haces estas cosas por la mañana? Márcalo y, luego, coméntalo con un compañero.

- desayunar
- hacer la cama
- lavarse los dientes
- maquillarse / afeitarse
- ir al baño
- salir de casa
- vestirse
- ducharse

- *Yo, primero, voy al baño y después me lavo los dientes. Luego...*
- *Pues yo siempre me lavo los dientes después de desayunar...*

B. Ahora, informa a la clase de las diferencias que te parecen curiosas.

C. ¿Y los fines de semana? ¿Haces lo mismo?

11. PREMIOS P. 155, EJ. 23

A. Vamos a entregar estos premios a personas de la clase. Primero, mirad las imágenes de los premios y relacionadlas con lo que representan.

Premio...

- al / a la más sano/-a
- al / a la más casero/-a
- al / a la más deportista
- al / a la más presumido/-a
- al / a la más trabajador/a
- al / a la más intelectual
- al / a la más dormilón/-ona
- al / a la más juerguista

B. En parejas entregáis uno de los premios. Decidid qué premio da cada pareja.

C. Preparad cuatro o más preguntas para saber a quién vais a dar el premio. Después, haced las preguntas a vuestros compañeros.

- *¿Cuántas horas duermes normalmente?*
- *Siete u ocho.*

PREMIO AL MÁS DORMILÓN O DORMILONA	Paolo	Brigitte	Damon
¿CUÁNTAS HORAS DUERMES NORMALMENTE?	7 u 8.	Unas 9.	6 o 7.
¿A QUÉ HORA TE LEVANTAS?	A las 7.	A las 10, más o menos.	A las 11.
¿A QUÉ HORA TE ACUESTAS?	A las 11 o a las 12.	A la 1.	A las 4 o a las 5.
¿DUERMES LA SIESTA?	No, nunca.	Sí, todos los días.	A veces.

D. Entregad el premio.

- *Nosotros entregamos el premio al más dormilón o dormilona... a ¡Brigitte!*

12. ESTADÍSTICAS

A. Mira las fotografías. ¿Qué actividades de las que se ven realizas tú? ¿Con qué frecuencia?

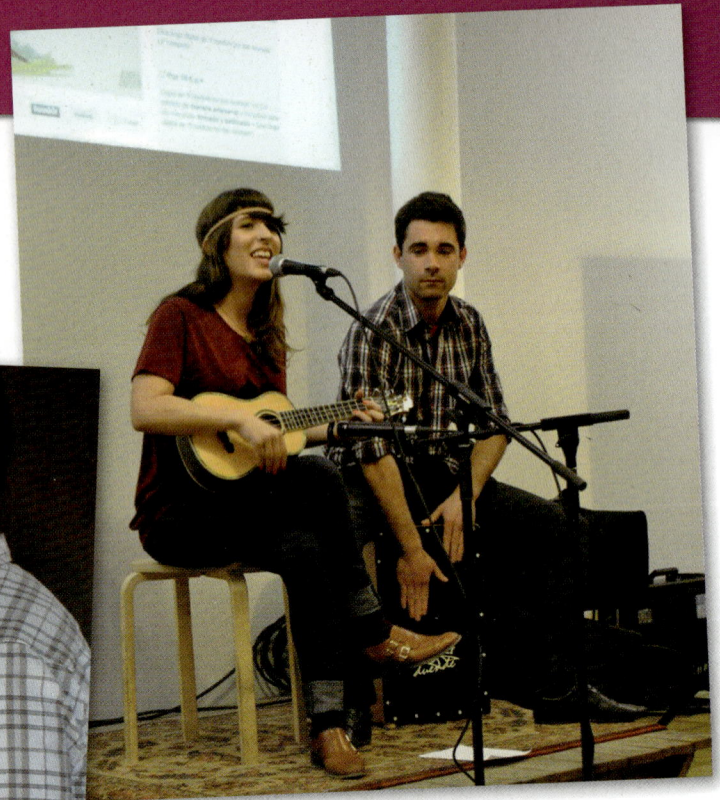

B. Ahora mira estos gráficos con datos sobre los hábitos culturales de los españoles. ¿Coinciden con los tuyos? Coméntalo con un compañero.

Porcentaje de españoles que realizan al menos una vez a la semana actividades relacionadas con medios audiovisuales y nuevas tecnologías

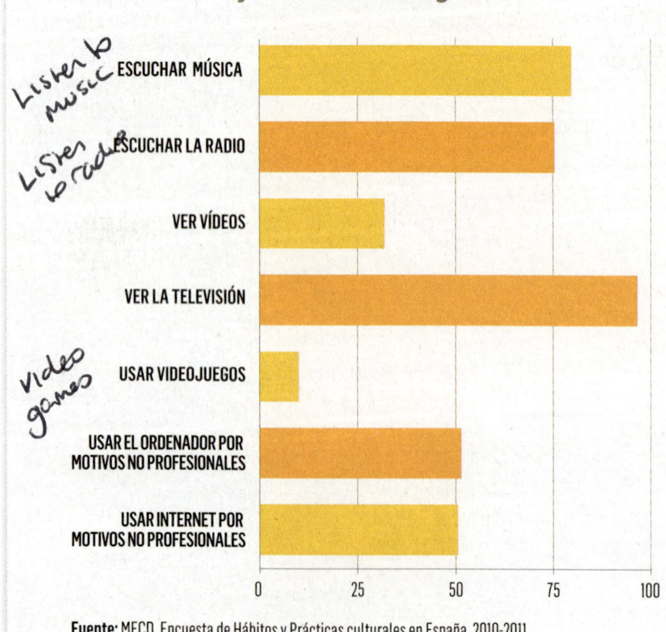

Porcentaje de españoles que realizan actividades artísticas

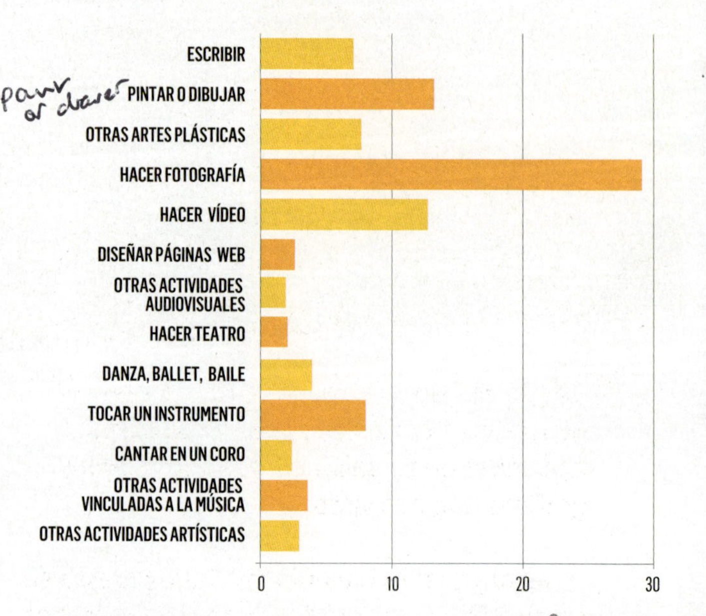

Fuente: MECD. Encuesta de Hábitos y Prácticas culturales en España. 2010-2011

C. ¿Crees que en tu país es muy diferente? Busca en internet datos sobre los hábitos culturales en tu país y compáralos con los gráficos que has visto.

D. Ahora podéis hacer la misma encuesta en clase. Dibujad los gráficos con los resultados.

VÍDEO

EN CONSTRUCCIÓN

¿Qué te llevas de esta unidad?

Lo más importante para mí:

....

....

Palabras y expresiones:

....

....

Algo interesante sobre la cultura hispana:

....

....

Quiero saber más sobre...

....

....

7 ¡A COMER!

EMPEZAR

1. UNA COMIDA EN CASA

A. Mira la fotografía e identifica en la foto los siguientes alimentos y platos.

- aceite
- aceitunas
- tortilla de patata
- gambas
- chorizo
- jamón
- queso
- pan
- vino
- croquetas
- ensalada
- nachos

B. ¿Qué te gusta comer a ti cuando te reúnes con tus amigos o tu familia? ¿Coméis alguna de las cosas de la foto?

- *Nosotros comemos pasta.*
- *Nosotros compramos jamón, queso... y otras cosas para picar.*
- *Pues yo con mis amigos voy mucho a un restaurante indio.*

EN ESTA UNIDAD VAMOS A

CREAR UN MENÚ DEL DÍA Y ELEGIR LOS PLATOS QUE NOS GUSTAN

RECURSOS COMUNICATIVOS

- desenvolverse en bares y restaurantes
- pedir y dar información sobre comida
- hablar de hábitos gastronómicos

RECURSOS GRAMATICALES

- la forma impersonal con **se**
- los verbos **poner** y **traer**
- los pronombres de OD (**lo**, **la**, **los**, **las**)

RECURSOS LÉXICOS

- las comidas del día
- alimentos
- maneras de cocinar
- platos habituales en España y platos típicos del mundo hispano

2. BOCADILLOS

A. Aquí tienes la carta de un establecimiento de bocadillos. ¿Conoces los ingredientes y productos que se citan? En parejas, clasificadlos en el cuadro.

carne y embutidos	pescado	verduras y hortalizas	lácteos	otros

- *¿Chorizo es un embutido?*
- *Sí, creo que sí. Y la tortilla de patatas, ¿qué lleva?*
- *Huevos, patatas y cebolla.*

B. Ve a la web de alguna cadena de bocadillos española (Bocatta, Rodilla, Pans & Company...) y elige un bocadillo. Clasifica en la tabla anterior los ingredientes. Luego, di a tus compañeros qué bocadillo has elegido y qué lleva.

- *Se llama "Mallorquín" y lleva sobrasada y queso.*
- *¿Qué es "sobrasada"?*
- *Es un embutido.*

C. Tú también puedes hacer tu propio bocadillo. Ponle un nombre. ¿Qué ingredientes lleva? Explícaselo a tus compañeros.

Mi bocadillo

Nombre ....

Ingredientes ....

- *Mi bocadillo lleva atún, cebolla y mayonesa.*
- *¿Y cómo se llama?*

3. DE PRIMERO, ¿QUÉ DESEAN?

P. 156, EJ. 2-3; P. 160, EJ. 17

43 **A.** Es la hora de la comida en Casa Paco. El camarero toma nota a dos clientes. Marca lo que piden.

B. Aquí tienes otros platos de Casa Paco. ¿En qué parte del menú puedes encontrarlos: son primeros, segundos o postres? Algunos pueden ser primeros o segundos. Coméntalo con tu compañero.

- Arroz con leche
- Paella
- Merluza a la romana
- Gazpacho
- Canelones
- Bistec con patatas
- Helado
- Lentejas
- Sardinas a la plancha
- Verdura con patatas
- Tortilla de patata
- Arroz a la cubana
- Huevos fritos con patatas
- Fruta

- *El arroz con leche es un primero, ¿no?*
- *No, es un postre.*

4. LA CUENTA, POR FAVOR

P. 157, EJ. 4-6; P. 158, EJ. 7-8

44-45 **A.** Lee estos fragmentos de diálogos. ¿Quién crees que dice cada frase: el camarero (CAM) o el cliente (CLI)? Márcalo. Después, escucha y comprueba.

1

.... • Hola, ¿me pone un café, por favor?
.... ○ Sí claro, ahora mismo.

.... • ¿Le pongo algo más?
.... ○ Sí, una botella de agua, por favor.

.... • ¿Cuánto es?
.... ○ Tres con treinta.

2

.... • ¿Qué desea?
.... ○ ¿Tienen gazpacho?
.... • No, lo siento, solo en verano. Hoy tenemos ensalada mixta, sopa y lentejas.
.... ○ ¿La sopa de qué es?
.... • De pollo. Lleva verduras, fideos y pollo.
.... ○ Vale, pues de primero quiero ensalada.

.... • ¿Y de segundo, qué desea?
.... ○ De segundo, merluza.

.... • ¿Para beber?
.... ○ Un agua con gas.

.... • Ahora mismo le traigo el agua.
.... ○ Vale, gracias. Y, perdone, ¿me trae un poco de pan también?
.... • Claro, enseguida.
.... ○ Gracias.

.... • Perdone, ¿me trae la cuenta, por favor?
.... ○ Sí, ahora mismo.

B. Marca en los diálogos las formas de los verbos **poner** y **traer**. ¿Qué formas son irregulares? Luego, traduce a tu lengua las frases en las que aparecen esos verbos.

C. Completa estas conversaciones usando los verbos **traer** y **poner**. Piensa en si quieres usar la forma **tú** o la forma **usted**.

SAL
Sí, claro, ahora mismo.

Sí, enseguida.

Un café solo, por favor.
CAFÉ CENTRAL

5. EN EXTREMADURA SE ELABORA UN JAMÓN IBÉRICO RIQUÍSIMO

A. Lee estas frases sobre la gastronomía española y comenta qué productos te gustaría probar.

- En la Rioja **se** hace**n** vinos blancos, tintos y rosados.
- En Valencia **se** come**n** muchas naranjas.
- En todo el país **se** com**e** mucho pescado.
- En Extremadura **se** elabor**a** un jamón ibérico riquísimo.
- En Asturias **se** beb**e** mucha sidra.

B. Observa las frases. ¿Qué diferencia hay entre **se come** y **se comen**?

C. Cuéntale a un compañero qué cosas se hacen en tu ciudad o país.

- *En Holanda se comen quesos muy buenos, como el Gouda.*

PARA COMUNICAR

En Roma / Suecia

se come/n...
se bebe/n...
se elabora/n...
se produce/n...
se sirve/n...

6. ¿CÓMO TOMAS EL TÉ? P. 158, EJ. 9-10; P. 159, EJ. 11

46 **A.** Escucha la encuesta que le hacen a Marina sobre las bebidas que toma. Marca sus respuestas. ¿Coincides en algo con ella?

1. ¿Por las mañanas tomas té o café?
- Café
- Té
- A veces café y a veces té
- Ni té ni café
- Otros: ....

2. ¿Cómo tomas el café?
- No tomo café
- Solo
- Con leche
- Sin azúcar
- Otros: ....

3. ¿Cómo tomas el té?
- No tomo té
- Con azúcar
- Con limón
- Con leche
- Otros: ....

4. Cómo tomas los refrescos?
- No tomo refrescos
- Con limón
- Fríos o con hielo
- Del tiempo
- Otros: ....

5. Si tomas cerveza, ¿dónde la compras?
- En el supermercado
- A productores artesanales por internet
- En tiendas especializadas
- Otros: ....

6. Si tomas vino, ¿dónde lo compras?
- En el supermercado
- A productores artesanales por internet
- En tiendas especializadas
- Otros: ....

B. Observa estos fragmentos de la entrevista. ¿A qué palabras se refieren los pronombres en negrita?

1

- Vale. A ver, el café ¿cómo **lo** tomas? ¿Solo, con leche...?
- **Lo** tomo con un poco de leche, pero sin azúcar.

2

- Tomo sobre todo cerveza.
- ¿**La** compras en el supermercado?
- Sí, a veces. Pero me gustan mucho las cervezas artesanales. Y **las** compro en tiendas especializadas.

3

- De acuerdo... ¿Y tomas refrescos?
- A veces, pero no muy a menudo, porque... no sé... tienen mucho azúcar.
- ¿**Los** tomas con hielo?
- Sí, o fríos.

C. Completa el cuadro con los pronombres.

PRONOMBRES DE OBJETO DIRECTO		
	masculino	femenino
singular		
plural		

D. Pregunta a tu compañero cómo toma las siguientes bebidas. Luego, cuenta al resto de la clase algo curioso que has descubierto.

el café
el té
la leche
el agua
la Coca-Cola
la cerveza
el vino blanco
el vino tinto
...

(muy) caliente
(muy) frío/a
del tiempo
con leche
con hielo
con limón
con / sin gas
con / sin azúcar
No tomo nunca

PARA COMUNICAR

El café **lo** tomo...
El té **lo** tomo...
La leche **la** tomo...
El agua **la** tomo...
La Coca-Cola **la** tomo...
La cerveza **la** tomo...
El vino blanco **lo** tomo...

- *¿Cómo tomas tú el café?*
- *Yo no tomo nunca café. No me gusta. ¿Y tú?*
- *Yo lo tomo con leche y sin azúcar.*

PEDIR Y DAR INFORMACIÓN SOBRE COMIDA

- *¿Qué **es** "merluza"?*
- *Un pescado.*

- *¿La merluza **es** carne **o** pescado?*
- *Pescado.*

- *El gazpacho, **¿qué lleva?***
- *(Pues **lleva**) tomate, pepino, pimiento, ajo, cebolla, agua, aceite, sal, vinagre y pan.*

- *¿La sangría **lleva** naranja?*
- *Sí, un poco.*

ACOMPAÑAMIENTO

Con patatas / arroz / ensalada / verduras

- *¿El pollo va **con** acompañamiento?*
- *Sí, va **con** ensalada o **con** patatas.*

BARES Y RESTAURANTES

CAMAREROS	
Para preguntar qué quiere el cliente	¿Qué desea/n?
	¿Qué le / les pongo?
	¿Para beber?
Para ofrecer	**¿Alguna cosa de** postre?
	¿Algún café / licor?

CLIENTES	
Para pedir en un restaurante	**De primero, (quiero)** sopa, y **de segundo,** pollo al horno.
	(Para beber) una cerveza, por favor.
Para preguntar por los platos de un menú	**¿Qué hay / tienen de** primero/segundo/postre?
Para pedir algo más	**Perdone, ¿me pone** otra agua?
	Perdone, ¿me trae un poco más de pan?
Para pagar	**¿Cuánto es? / ¿Qué le debo?**
	La cuenta, por favor.

Normalmente, en establecimientos públicos, es recomendable usar las formas verbales correspondientes a **usted** o **ustedes**.

- *¿Qué dese**a**?*
- *¿Tien**en** cerveza sin alcohol?*

LÉXICO: LAS COMIDAS DEL DÍA

el desayuno	la comida el almuerzo	la merienda	la cena
desayunar	**comer** **almorzar**	**merendar**	**cenar**

- *¿Qué **desayunas** normalmente?*
- *Un té, un zumo y unas tostadas.*

PRESENTE DE INDICATIVO: VERBOS **PONER** Y **TRAER**

	PONER	TRAER
(yo)	**pongo**	**traigo**
(tú)	pon**es**	tra**es**
(él/ella/usted)	pon**e**	tra**e**
(nosotros/nosotras)	pon**emos**	tra**emos**
(vosotros/vosotras)	pon**éis**	tra**éis**
(ellos/ellas/ustedes)	pon**en**	tra**en**

- *¿Qué le **pongo**?*
- *Un café y un cruasán.*

- *¿Me **trae** la carta, por favor?*
- *Sí, ahora mismo.*

GENERALIZAR: LA FORMA IMPERSONAL CON **SE**

SE + 3ª PERSONA DEL SINGULAR

*En mi casa **se cena** a las nueve y media.*

(= En mi casa cenamos a las nueve y media.)

SE + 3ª PERSONA DEL SINGULAR + SUSTANTIVO EN SINGULAR

*En España **se come** mucho pescado.*

(= Los españoles comen mucho pescado.)

SE + 3ª PERSONA DEL PLURAL + SUSTANTIVO EN PLURAL

*En Venezuela **se beben** muchos zumos.*

(= Los venezolanos beben muchos zumos.)

7. CONSEJOS PARA UNA DIETA SANA P. 159, EJ. 12; P. 160, EJ. 15-16, 18

A. Lee los consejos que dan en una campaña de salud. Marca los que normalmente sigues.

CONSEJOS PARA UNA DIETA SANA

Se aconseja el consumo frecuente de:

Verduras crudas (en ensalada) o **al vapor**.

Patatas cocidas o **al vapor**.

Carne blanca (pollo, pavo, etc.) **a la plancha** o **al horno**.

Pescado blanco (bacalao, merluza, etc.) y **azul** (sardinas, anchoas, etc.) **crudo**, **a la plancha** o **al horno**.

Productos lácteos desnatados (yogures, leche, etc.), y **huevos cocidos** o pasados por agua.

Frutas y **frutos secos**. **Cereales** (arroz, pan integral, pasta integral, etc.).

No se aconseja el consumo frecuente de:

Alimentos fritos
- patatas fritas
- pescado frito

Comida preparada
- pizzas congeladas
- platos de pasta preparados

Dulces y **bollería**

Carne roja (ternera, cordero, etc.)

Embutidos (chorizo, jamón, salchichón, etc.)

B. Comenta con un compañero cuáles de los consejos sigues y cuéntale cómo te alimentas.

- *Yo no como carne roja. No me gusta.*
- *Yo sí como carne roja; normalmente la como a la plancha.*

C. ¿Crees que en tu país se come sano? ¿Por qué?

- *Yo creo que no mucho, porque se come poco pescado y...*

PARA COMUNICAR

El pollo / pescado **lo** como...
La carne **la** como...
Los huevos **los** como...
Las patatas / verduras **las** como...

cocid**o**/-**a**/-**os**/-**as**
frit**o**/-**a**/-**os**/-**as**
guisad**o**/-**a**/-**os**/-**as**
asad**o**/-**a**/-**os**/-**as**
crud**o**/-**a**/-**os**/-**as**
a la plancha
al horno
al vapor

8. COCINA ESPAÑOLA P. 156, EJ. 1; P. 159, EJ. 13

A. En muchos bares y restaurantes españoles puedes encontrar estos platos. ¿Los conoces? Relaciona cada plato con su fotografía.

- gazpacho
- ensaladilla
- patatas bravas
- arroz a la cubana

47-50 **B.** Vas a escuchar a algunas personas que hablan de esos platos. ¿De qué plato hablan?

PLATOS	INGREDIENTES
1.	
2.	
3.	
4.	

51-54 **C.** Escucha de nuevo y comprueba. Completa la tabla con los ingredientes que lleva cada plato.

D. Piensa en dos platos típicos de tu país. Anota cómo se llaman y qué llevan.

- Es: ....
- Lleva: ....

- Es: ....
- Lleva: ....

9. EL MENÚ DE HOY

A. En grupos, vamos a hacer un menú del día. Cada uno piensa en un primer plato, en un segundo y en un postre.

B. Ahora cuenta a los compañeros cómo se llaman los platos y qué llevan. Un compañero del grupo apunta los platos propuestos por cada uno. Si alguien no conoce alguno, puede hacer preguntas.

PRIMEROS	Macarrones "a la Nicoletta"
SEGUNDOS	
POSTRES	

- *¿Yo, de primero, propongo macarrones "a la Nicoletta".*
- *¿Qué son?*
- *Son los macarrones de mi abuela. Llevan...*

C. Ahora, un compañero va a ser el camarero. Podéis organizaros en mesas, como en un restaurante.

PARA COMUNICAR

CAMARERO
¿Qué desea/n?
¿Qué le / les pongo?
¿Para beber?
¿Alguna cosa de postre?

CLIENTE
De primero (quiero) sopa, y **de segundo**, pollo al horno.
(**Para beber**) una cerveza, por favor.
Perdone, **¿qué hay / tienen de** postre?

- *Hola, buenos días.*
- *¿Qué desea?*
- *Mire, de primero quiero...*

D. ¿Cuáles son los platos más pedidos?

10. COMIDA EN LA CALLE

A. ¿Conoces estas comidas típicas de América Latina? ¿Puedes encontrarlas en tu ciudad? ¿Dónde?

TACOS

Qué son: son tortillas hechas de maíz y enrolladas con algún alimento dentro. Normalmente llevan carne y alguna salsa.

Países: Son tradicionales de México, aunque ahora son muy populares también en Estados Unidos.

En las calles hay puestos donde se preparan todo tipo de tacos. Son las "taquerías". En esos lugares, la gente suele comprar varios tacos y los come de pie, con la mano. También los venden chicos que van en bicicleta por las calles. Los llevan en una canasta, y por eso los tacos que venden se conocen con el nombre de "tacos de canasta".

AREPAS

Qué son: las arepas se hacen con una harina especial de maíz. Cuando están hechas se abren y se rellenan con distintos ingredientes: carne a la parrilla, huevo, queso, jamón, aguacate o incluso solo mantequilla. Pueden ser fritas o asadas.

Países: Venezuela, Colombia y Panamá (en este país se llaman "tortillas").

Mucha gente las compra en puestos ambulantes en la calle y las come para desayunar. Pero también se comen para almorzar y para cenar y se pueden comprar en el supermercado o en cafeterías. Además, en Venezuela existen restaurantes especializados llamados "areperas".

TAMALES

Qué son: son una masa de maíz mezclada con otros alimentos y envuelta en hojas (que normalmente son de maíz, pero que también pueden ser de plátano), que no se comen. Además de maíz, el relleno puede llevar todo tipo de carnes, vegetales y frutas. Pueden ser dulces o salados.

Países: se come sobre todo en México y en países de América Central, pero también en Bolivia, el noroeste de Argentina, la zona andina del norte de Chile, Perú, Colombia y Venezuela.

En México se compran generalmente en "tamalerías" o en puestos callejeros. Se comen mucho en celebraciones como cumpleaños o en Navidad. Pero el día más típico para comer tamales es el día de la Candelaria (2 de febrero).

ANTICUCHOS

Qué son: son pinchos o brochetas de carne adobada con ají, ajo, sal y otras especias. Los más típicos son de corazón de res, pero también se hacen con lomo de buey, pollo o pescado.

Países: Perú, Chile y Bolivia.

En las calles hay muchos puestos ambulantes donde las "anticucheras" venden anticuchos. La gente los compra y los come con papas (patatas), choclo (maíz), camote y ají. También hay restaurantes especializados. Además, cuando los amigos se reúnen y hacen parrilladas es muy habitual preparar anticuchos.

EMPANADAS

Qué son: están hechas con una masa de harina de trigo rellena de ingredientes muy variados (carne picada, queso y jamón, maíz, huevo, aceitunas, etc.). Se pueden hacer fritas o al horno.

Países: Perú, Bolivia, Chile, Argentina, Uruguay.

Las empanadas son un entrante en las comidas de muchas casas y en restaurantes, pero también se compran en cafeterías, tiendas y puestos ambulantes. Se pueden comer a cualquier hora del día y normalmente se comen con la mano.

B. Busca en YouTube un vídeo sobre uno de los platos. Anota la información que te parezca interesante. Luego, compártela con tus compañeros.

C. Prepara una ficha de algún plato popular de tu país u otro que conozcas bien, ecónomico y que se puede comprar en la calle.

VÍDEO

EN CONSTRUCCIÓN

¿Qué te llevas de esta unidad?

Lo más importante para mí:

....

....

Palabras y expresiones:

....

....

Algo interesante sobre la cultura hispana:

....

....

Quiero saber más sobre...

....

....

8 EL BARRIO IDEAL

EMPEZAR

1. CIMAVILLA

A. Mira la foto del barrio de Cimavilla, en Gijón (España). ¿Qué tipo de barrio te parece que es?

- bonito
- feo
- histórico
- moderno
- bien comunicado
- mal comunicado
- tranquilo
- ruidoso
- con muchos servicios
- con pocos servicios
- agradable
- con mucha vida

• *Parece un barrio tranquilo, ¿no?*

B. ¿Qué cosas reconoces en la imagen?

EN ESTA UNIDAD VAMOS A

IMAGINAR Y DESCRIBIR UN BARRIO IDEAL

RECURSOS COMUNICATIVOS

- describir pueblos, barrios y ciudades
- hablar de lo que más nos gusta de un lugar
- pedir y dar información para llegar a un sitio
- expresar gustos y resaltar un aspecto

RECURSOS GRAMATICALES

- cuantificadores (**algún**, **ningún**, **muchos**...)
- preposiciones y adverbios de lugar (**a**, **en**, **al lado de**, **lejos**, **cerca**...)

RECURSOS LÉXICOS

- servicios y lugares de las ciudades
- adjetivos para describir un barrio

2. EL BARRIO DE SAN ANDRÉS + P. 162, EJ. 1

A. Este es el centro del barrio de San Andrés. ¿Dónde están las cosas de la lista?

- ◯ una zona peatonal
- ◯ un restaurante
- ◯ un parque
- ◯ contenedores de basura
- ◯ un cajero automático
- ◯ un centro comercial
- ◯ una tienda de ropa
- ◯ bares
- ◯ una estación de metro
- ◯ un parking
- ◯ una escuela
- ◯ una biblioteca
- ◯ un supermercado
- ◯ una parada de autobús

B. Ahora completa la lista con otros servicios o establecimientos que veas en el dibujo.

C. ¿Te gustaría vivir en este barrio? Coméntalo con tu compañero.

- *A mí no, en este barrio no hay cines.*
- ○ *Pues a mí sí. Hay muchos servicios.*

D. ¿Y tú, en qué barrio vives? ¿Y tu compañero? Haceos preguntas.

- *¿Dónde vives?*
- ○ *En el centro, en la plaza de la Catedral.*

3. CIUDADES PREFERIDAS P. 162, EJ. 2

A. En la revista de una compañía aérea tres personas nos hablan de su ciudad. En grupos de tres, ¿las podéis situar en el mapa?

ME ENCANTA MI CIUDAD

SEVILLA

Aquí se vive muy bien. Sevilla es una ciudad muy alegre y muy bonita. Además, los sevillanos en general somos muy abiertos. Hay muchísimos monumentos y sitios bonitos, como la Torre del Oro, la catedral, la Giralda, el barrio de Santa Cruz... Y, lo más importante: hay muchos lugares para comer bien y salir. Aquí se come muy bien. Además, el clima es muy bueno, siempre hace sol, aunque en verano hace demasiado calor.

Mis recomendaciones: un paseo por la ribera del río Guadalquivir; es muy agradable, sobre todo en verano.

JULIÁN CABALLERO

ZARAGOZA

Zaragoza está muy bien situada: está entre Barcelona y Madrid, y ahora está conectada con esas dos ciudades con el tren de alta velocidad. Además, también está cerca de los Pirineos y bastante cerca del mar. Una de las cosas que más me gusta de Zaragoza es que hay tres ríos. El más impresionante es el Ebro. También hay edificios muy bonitos, como la basílica del Pilar, la Seo o el museo Pablo Gargallo.

Mis recomendaciones: hay que venir a Zaragoza durante las fiestas del Pilar, el 12 de octubre.

ESTHER RUIZ

PONTEVEDRA

Pontevedra es una ciudad preciosa. Tiene un casco antiguo muy bonito, con las típicas casas de piedra; hay muchas plazas y muchos bares con terraza. También hay muchos restaurantes donde se come muy bien. Es una ciudad pequeña, y se puede ir a pie a casi todos los sitios. Pontevedra no tiene playa, pero hay muchas y muy bonitas que están muy cerca.

Mis recomendaciones: las fiestas de la Virgen de la Peregrina, en agosto. Durante esa semana hay muchos conciertos y mucha vida en las calles.

NICOLÁS IGLESIAS

55

B. Vas a escuchar una conversación entre dos amigos. ¿De cuál de las tres ciudades hablan? ¿Qué más dicen sobre ella?

C. ¿En cuál de esas ciudades te gustaría vivir? ¿Por qué?

- *Me gustaría vivir en... porque para mí es importante...*

D. Busca en internet más información (población, dónde está, etc.) sobre una de las tres ciudades y exponsela a tus compañeros.

4. MI BARRIO EN ESPAÑA P. 162, EJ. 3; P. 163, EJ. 4

A. ¿Cómo es tu barrio en España? Marca con una cruz la información que sea verdad.

- Mi barrio es muy bonito.
- En mi barrio hay muchos bares y restaurantes.
- Mi barrio es bastante feo.
- En mi barrio las calles son estrechas.
- Mi barrio es muy tranquilo.
- En mi barrio hay pocas zonas verdes.
- Mi barrio está lejos del centro.
- En mi barrio no hay ninguna iglesia.
- Mi barrio es bastante sucio.
- Mi barrio es muy céntrico.
- En mi barrio hay poco ambiente.
- En mi barrio hay grandes avenidas.
- En mi barrio hay bastantes tiendas.
- Mi barrio es muy ruidoso.
- En mi barrio hay algunas plazas.

B. Prepara cinco frases más describiendo tu barrio.

Mi barrio es ....

En mi barrio hay ....

En mi barrio no hay ningún / ninguna ....

Lo que más me gusta de mi barrio es / son .... y ....

Lo que menos me gusta de mi barrio es / son .... y ....

C. Ahora describe tu barrio al resto de la clase. Entre todos, decidid cuál es el mejor barrio.

- *Yo vivo en el casco antiguo. Es un barrio antiguo y con mucho ambiente. Es un poco ruidoso, pero a mí me encanta. Lo que más me gusta es que está en el centro y lo que menos me gusta es que no hay ningún parque.*

5. PERDONE, ¿SABE SI HAY...? P. 163, EJ. 5-6

A. En estos diálogos, cuatro personas preguntan cómo llegar a diferentes sitios. Relaciona las indicaciones que les dan con los planos.

- Perdone, ¿sabe si hay alguna farmacia por aquí?
- Sí, a ver, la primera... no, la segunda **a la derecha**. Está justo **en la esquina**.

- Perdona, ¿sabes si el hospital está por aquí **cerca**?
- ¿El hospital? Sí, mira. Sigues **todo recto** y está al final de esta calle, **al lado** de la universidad.

- Perdona, ¿sabes si hay una estación de metro cerca?
- Cerca, no. Hay una, pero está un poco **lejos**, a unos diez minutos de aquí.

- Perdone, ¿la biblioteca está en esta calle?
- Sí, pero al final. Sigues todo recto hasta la plaza y está en la misma plaza, **a la izquierda**.

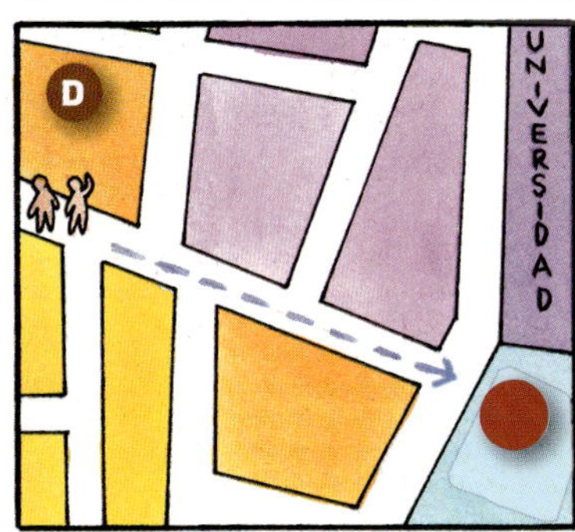

B. Escucha y comprueba.

C. Fíjate en las expresiones que están en negrita en los diálogos. Expresan ubicación, dirección o distancia. Escríbelas debajo del esquema correspondiente.

D. Lee los diálogos de nuevo. ¿Qué personas hablan de **tú** y cuáles de **usted**? Señala en los textos las palabras que lo indican.

E. ¿En tu lengua existen diferentes formas de tratamiento? ¿En qué consisten? ¿Cómo te diriges a las siguientes personas?

- un/a policía
- una persona de 70 años
- un/a dependiente/-a de 20 años de una tienda
- una persona de tu misma edad en un bar
- tu abuelo/-a

6. ¿DÓNDE ESTÁ LA PARADA DE METRO?

P. 164, EJ. 7-8; P. 165, EJ. 9; P. 167, EJ. 15

A. Fíjate en el dibujo y lee las frases. Algunas son falsas, corrígelas.

1. El cine está a la izquierda de la escuela.
2. La estación de metro está al lado del restaurante.
3. El museo está lejos del restaurante.
4. El cine está en una esquina.
5. El metro está a la derecha del banco.
6. El mercado está en la avda. de América.

B. Estás en la puerta de la escuela. Contesta a las preguntas que te hacen algunas personas. La última pregunta te la hace un compañero.

1. ¿Hay alguna farmacia por aquí cerca?

....

2. Perdón, ¿sabe dónde está el hospital?

....

3. Perdona, ¿el museo está muy lejos de aquí?

....

4. ¿En este barrio no hay ningún restaurante?

....

5. Perdona, ¿sabes dónde está la estación de metro?

....

6. ....

....

CUANTIFICADORES

SINGULAR	
MASCULINO	**FEMENINO**
***ningún** parque	**ninguna** plaza
poco tráfico	**poca** gente
***un** parque	**una** plaza
***algún** parque	**alguna** plaza
bastante tráfico / gente	
mucho tráfico	**mucha** gente

PLURAL	
MASCULINO	**FEMENINO**
pocos parques	**pocas** plazas
algunos parques	**algunas** plazas
varios parques	**varias** plazas
bastantes parques / plazas	
muchos parques	**muchas** plazas

* Cuando se refieren a un sustantivo ya conocido y no lo repetimos, usamos las formas **ninguno**, **uno** y **alguno**.

- *Perdona, ¿hay algún gimnasio por aquí?*
- *Mmm... no, no hay **ninguno**.*

- *En mi barrio no hay ningún hospital, ¿en tu barrio hay **alguno**?*

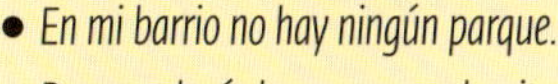

- *En mi barrio no hay ningún parque.*
- *Pues en el mío hay **uno** muy bonito.*

La calle es muy tranquila. Hay muy poco ruido... normalmente.

EXPRESAR GUSTOS: RESALTAR UN ASPECTO

Lo que más / **menos me gusta** de mi barrio **es** / **son** + sustantivo
Lo que más / **menos me gusta** de mi barrio **es que** + frase

- *¿Qué es **lo que más te gusta** de tu barrio?*
- ***Lo que más me gusta es** la gente y **lo que menos me gusta es que** hay pocas zonas verdes.*

PEDIR INFORMACIÓN SOBRE DIRECCIONES

Perdon**a**/**e**,	¿**sabes** / **sabe** si hay una farmacia **(por) aquí cerca**?
	¿**sabes** / **sabe** si el hospital está **(por) aquí cerca**?
	¿**está muy lejos de aquí** el estadio de fútbol?
	¿**dónde** está la parada de metro?
	¿la biblioteca **está en esta calle**?

Disculpe, ¿sabe si hay algún banco por aquí?
Sí, mire, en la plaza hay uno, justo en la esquina.

DAR INFORMACIÓN SOBRE DIRECCIONES

+ P. 165, EJ. 10; P. 166, EJ. 12

Está a	unos 20 minutos **a pie** / **en metro** / **en coche.**
	(unos) 200 metros **de aquí**.
Está	muy **lejos**.
	bastante **lejos**.
	un poco **lejos**.
	bastante **cerca**.
	muy **cerca**.
	aquí al lado.
	aquí mismo.

- *¿La universidad está muy lejos de aquí?*
- *¡Qué va! **Está aquí al lado. A cinco minutos a pie.***

Todo recto	**En** la esquina
A la derecha (de...)	**En** la plaza...
A la izquierda (de...)	**En** la calle...
Al lado (de...)	**En** la avenida...
Al final de la calle	**En** el paseo...
La primera / **la segunda**... (calle) **a la derecha** / **izquierda**...	

- *Perdona, ¿sabes si hay alguna farmacia por aquí cerca?*
- *Sí, mira, hay una **al final de** la calle, **a la derecha**, **al lado de** un gimnasio.*

7. MADRID

P. 165, EJ. 11; P. 167, EJ. 14 Y 16

A. Estos son tres barrios de Madrid. ¿En qué barrio crees que vive cada persona?

BARRIOS EMBLEMÁTICOS DE MADRID

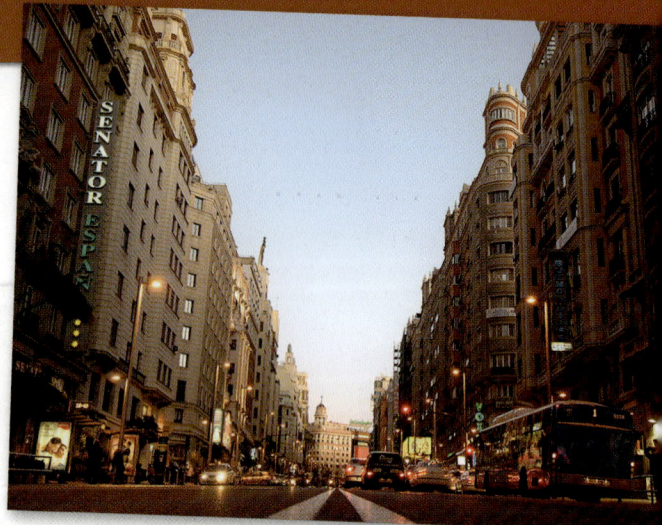

Lavapiés está en el centro de Madrid. Es un barrio bohemio, antiguo y con pocas comodidades, pero con mucho encanto. Las calles son estrechas y hay muchos bares. En general, los alquileres no son muy caros y por eso muchos artistas y jóvenes viven aquí. En este barrio viven también muchos inmigrantes y gente mayor. En Lavapiés hay bastantes corralas, bloques de pisos pequeños con un patio interior comunitario.

Chamberí es un barrio céntrico y bastante elegante. En la actualidad es uno de los barrios más caros de Madrid, con pisos grandes en edificios de principios del siglo XX. Tiene zonas peatonales, tiendas de todo tipo, gimnasios, cines... También hay muchos bares y restaurantes y es uno de los mejores barrios de Madrid para ir de tapas y salir de noche.

Vallecas es un barrio obrero. Hay muchos edificios de viviendas baratas, construidos en los años 60 y 70. En este barrio no hay mucha oferta cultural, pero hay mercados, varias escuelas, muchas tiendas... Está un poco lejos del centro de la ciudad, pero está bien comunicado. Tiene parques grandes y varios centros comerciales. Aquí vive mucha gente venida de otros lugares de España en los años 60.

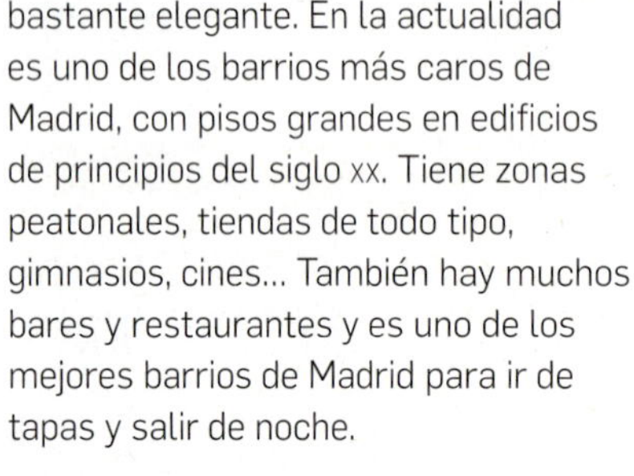

1. Ester Cruz
26 años / Profesora de yoga / Vive con dos amigas / Tiene una biclicleta / Le gusta ir al cine y salir de marcha.

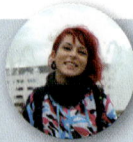

2. Conchita Casas
73 años / Jubilada / Vive con su prima Sole en un piso de alquiler / Le gusta jugar a las cartas con los vecinos, en el patio de su edificio.

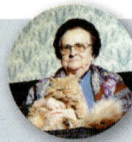

3. Alicia Fernández
53 años / Mujer de la limpieza / Vive con su marido y sus tres hijos en un bloque de pisos cerca de un parque.

60

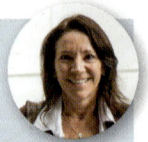

B. Ahora escucha a Fernando hablando de su barrio. ¿En cuál de los tres barrios vive?

8. MIS LUGARES PREFERIDOS

Piensa en lugares interesantes de la ciudad en la que estás (una tienda, un restaurante, etc.). Luego, con la ayuda de un plano, cuenta a tus compañeros dónde están.

- *Yo voy mucho a un bar que se llama Ritmo latino. Ponen música en español todos los viernes y no es muy caro. Está en...*
- *Pues en mi barrio hay una tienda de discos muy buena. Tienen discos viejos de jazz y de blues. Está...*

9. UN BARRIO IDEAL

A. En grupos vais a imaginar vuestro barrio ideal. Primero, completad esta ficha.

Cómo se llama:
Dónde está:
Cómo es:
Qué hay:
Qué tipo de gente vive en él:

B. Ahora haced un plano para explicar al resto de la clase cómo es ese barrio. Los demás pueden hacer preguntas.

- *Nuestro barrio se llama Los Marineros y está al lado del mar. Es un barrio de pescadores precioso. En el barrio hay muchos restaurantes...*

PARA COMUNICAR

Nuestro barrio **está cerca de** / **lejos de** / **en** / **al lado de** la playa / la montaña / el centro / un río...
En nuestro barrio **hay muchos/varios/algunos** bares y restaurantes / parques / piscinas públicas / coches...
En nuestro barrio **no hay** bares ni restaurantes / parques...
Es un barrio **tranquilo** / **moderno** / **antiguo** / **con ambiente**, etc.

C. Entre todos, vais a decidir cuál es el mejor barrio de todos.

- *Yo elijo el barrio Los Marineros, porque tiene muchos bares y restaurantes. Lo que más me gusta de este barrio es que está al lado del mar.*

10. UNA BUENA CIUDAD PARA VIVIR

¡PAMPLONA!

Pamplona es la ciudad con mejor nivel de vida de España. Eso dice un estudio realizado por la Organización de consumidores y usuarios en 2012. En el estudio, casi 3000 personas de 17 ciudades españolas –la ciudad con mayor población de cada Comunidad Autónoma– valoran su ciudad. Los pamploneses son los que están más satisfechos con su ciudad. Algunos de los aspectos que mejor valoran son la asistencia sanitaria, la educación, el medioambiente, la seguridad o el transporte.

VALORACIÓN DE LAS CIUDADES ESPAÑOLAS (DE 1 A 10)

CIUDAD	VIVIENDA	ASISTENCIA SANITARIA	EDUCACIÓN	MEDIO AMBIENTE	SEGURIDAD CIUDADANA	COMERCIO Y SERVICIOS	TRANSPORTE Y MOVILIDAD	PAISAJE URBANO	MERCADO LABORAL	CULTURA, OCIO, DEPORTE	ADMINISTRACIÓN Y GESTIÓN
ALBACETE	7,3	7	6,8	5,9	5,8	7,7	5,5	6,1	4,8	6,5	5,1
BADAJOZ	7,3	7,2	6,6	5,8	5,,5	7,1	5,6	5,3	3,8	5,,5	4,6
BARCELONA	7,2	7,4	6,7	4,6	4,9	8,1	5,4	6,2	4,9	7,2	4,8
BILBAO	7,2	7,8	7,1	5,8	5,9	7,9	5,7	6,4	4,6	6,6	5
GIJÓN	7,6	7,4	6,8	5,8	6,3	7,8	6,1	6,1	3,3	6,9	5,1
LAS PALMAS DE GRAN CANARIA	7,1	6,3	6,5	5,1	5,2	8,1	4,9	5,4	4,3	5,9	4,1
LOGROÑO	7,7	6	6,3	6,1	5,9	7,9	4,9	6,2	5,7	6,2	5,1
MADRID	7	6,9	6,2	4,4	4,5	7,8	4,7	5,7	5,2	7,1	4,5
MURCIA	7,2	7,2	6,5	5,1	5,2	7,9	4,5	5,8	5,5	6,2	5,1
PALMA DE MALLORCA	7,2	7,4	6,2	5,3	5,4	7,8	5,1	5,2	5,7	5,7	4,3
PAMPLONA	7,5	8,3	7,3	7,1	6,4	7,9	6,2	7,1	6,3	6,6	5,4
SANTANDER	7,1	7,2	6,7	6,4	6,3	7,3	5,2	6,3	3,9	5,3	4,9
SEVILLA	7	6,8	6	4,8	4,1	7,7	3,9	5,4	3,8	5,6	3,3
VALENCIA	7,2	6,9	6,2	4,8	5,3	7,8	5,3	6	5,1	6,5	4,8
VALLADOLID	7,3	6,8	6,8	4,8	5,8	7,5	5,1	5,7	4,4	6,5	4,8
VIGO	7,1	6,5	6,6	4,8	5,6	7,9	4,3	5,1	4,5	5,3	3,8
ZARAGOZA	7,4	6,6	6,6	5,4	5,7	7,9	5	5,6	5,7	6,1	4,3

LAS CIUDADES **MEJOR** VALORADAS PARA ESE CRITERIO

LAS CIUDADES **PEOR** VALORADAS PARA ESE CRITERIO

A. Mira el gráfico. ¿Estás de acuerdo con los aspectos que definen la calidad de vida? ¿Cuáles son más importantes para ti? Coméntalo con tus compañeros.

B. Puntúa del 1 al 10 cada uno de los aspectos del gráfico para evaluar el nivel de vida de tu ciudad.

C. En grupos, buscad en internet información sobre Pamplona. Luego, escribid un pequeño texto sobre esa ciudad.

D. ¿Sabes qué ciudad de tu país tiene la mejor calidad de vida? Búscalo en internet y luego presenta esa ciudad a tus compañeros. Puedes acompañar la presentación con fotos.

Calle Salsipuedes

Parque Yamaguchi

Plaza del Castillo

VÍDEO

EN CONSTRUCCIÓN

¿Qué te llevas de esta unidad?

Lo más importante para mí:

....

....

Palabras y expresiones:

....

....

Algo interesante sobre la cultura hispana:

....

....

Quiero saber más sobre...

....

....

9 ¿SABES CONDUCIR?

EMPEZAR

1. EL ESTUDIO DE LAURA

A. Estas son cinco afirmaciones sobre Laura. Relaciónalas con cosas que ves en su estudio.

- Sabe tocar el bajo.
- Ha viajado mucho.
- Ha tenido hijos.
- Le gusta la fotografía.
- Sabe ruso.

B. ¿Qué más puedes decir de Laura?

C. ¿En qué coincides tú con Laura?

- *Yo también sé ruso.*
- *Pues yo también he viajado mucho.*

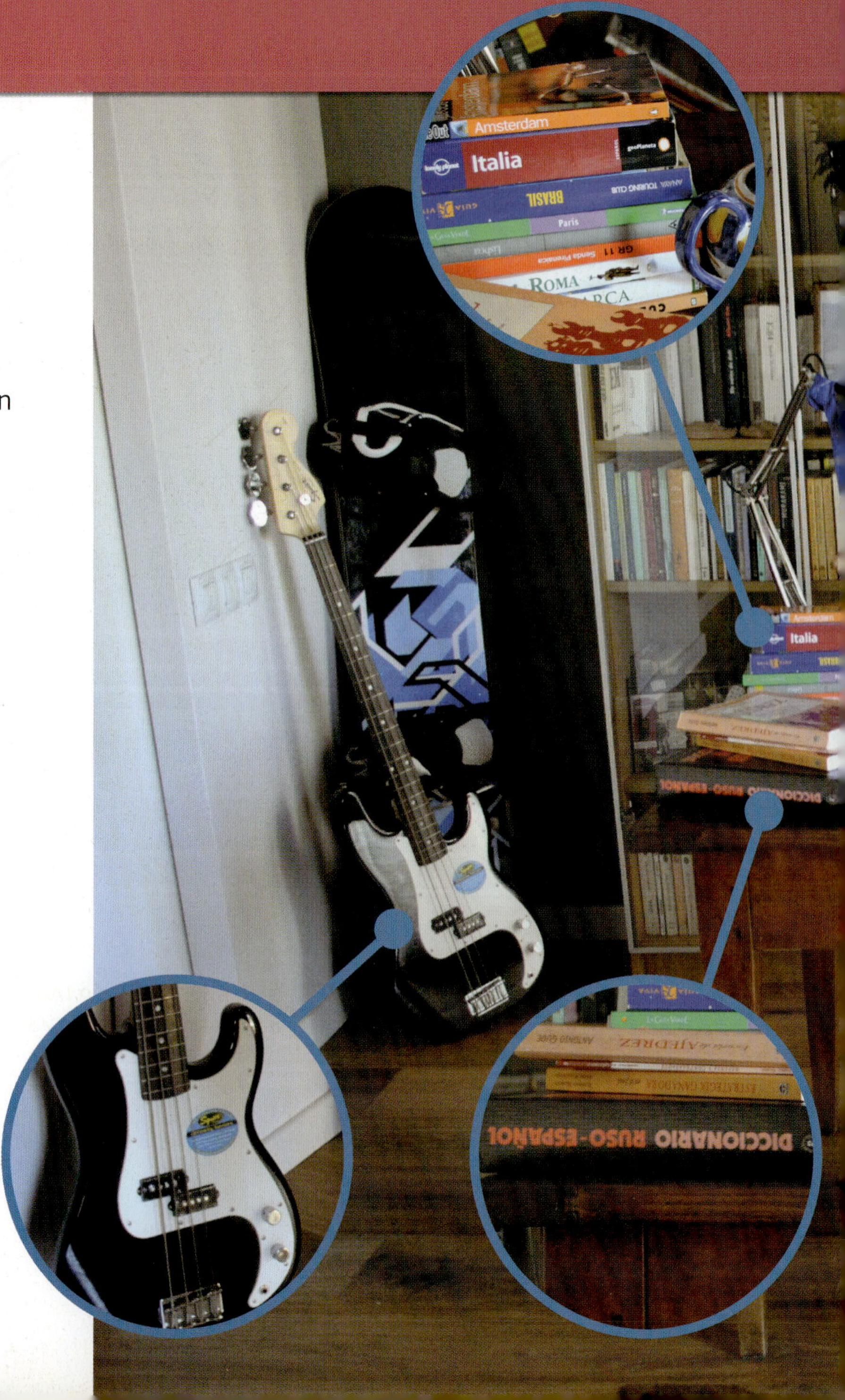

EN ESTA UNIDAD VAMOS A

ELEGIR AL CANDIDATO IDEAL PARA REALIZAR UN TRABAJO

RECURSOS COMUNICATIVOS

- hablar de experiencias pasadas
- hablar de habilidades y aptitudes
- hablar de cualidades y defectos de las personas

RECURSOS GRAMATICALES

- el pretérito perfecto
- **saber** + infinitivo
- **poder** + infinitivo

RECURSOS LÉXICOS

- expresiones de frecuencia
- adjetivos de carácter

2. CUALIDADES Y DEFECTOS

+ P. 168, EJ. 1; P. 169, EJ. 2; P. 172, EJ. 16

A. Estos adjetivos sirven para describir la personalidad. ¿Cuáles crees que son positivos? ¿Cuáles son negativos?

antipático/-a | responsable | tranquilo/-a | paciente | amable | irresponsable | generoso/-a | divertido/-a | raro/-a | egoísta | despistado/-a | aburrido/-a | impuntual | organizado/-a | inteligente | simpático/-a | tímido/-a | desorganizado/-a | abierto/-a | puntual | impaciente

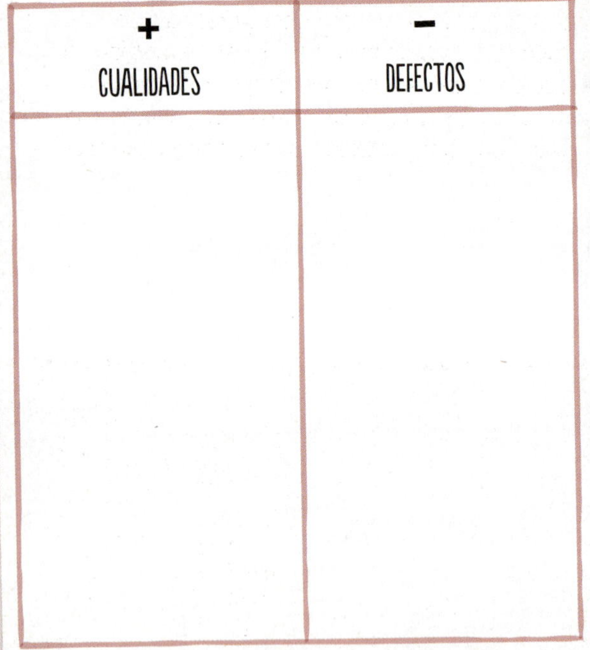

+ CUALIDADES	– DEFECTOS

B. ¿Cuáles de las anteriores cualidades o defectos crees que tienes tú?

- *Yo creo que soy bastante generoso, un poco tímido y muy tranquilo.*

C. Para ti, ¿cuáles son las tres cualidades más importantes en un compañero de trabajo? ¿Y en un jefe?

- *Para mí un compañero de trabajo tiene que ser, en primer lugar, organizado, después, responsable y también...*
- *Pues para mí tiene que ser generoso, es lo más importante.*

3. DOS NOVIOS PARA RAQUEL

A. Lee este mail que Raquel envía a su amiga Rocío. ¿Cómo crees que son Alberto y Luis? Coméntalo con tu compañero.

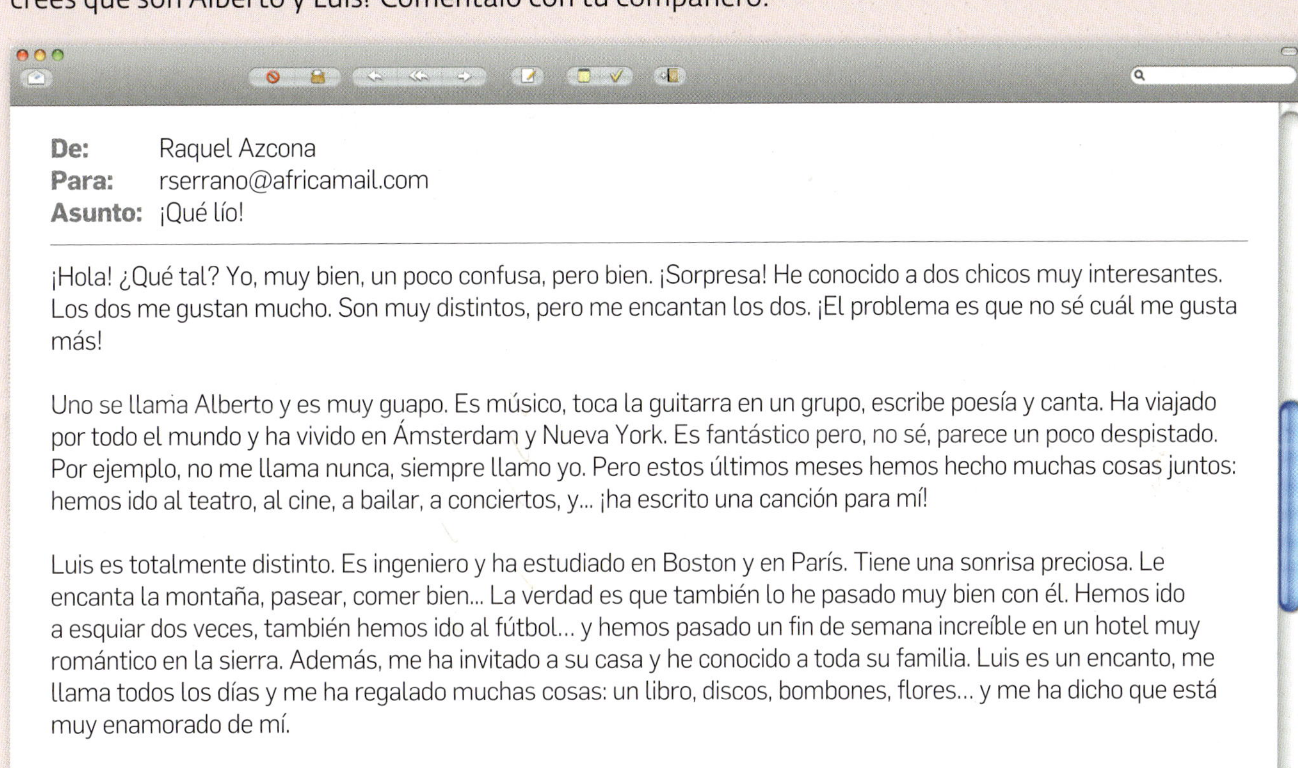

De: Raquel Azcona
Para: rserrano@africamail.com
Asunto: ¡Qué lío!

¡Hola! ¿Qué tal? Yo, muy bien, un poco confusa, pero bien. ¡Sorpresa! He conocido a dos chicos muy interesantes. Los dos me gustan mucho. Son muy distintos, pero me encantan los dos. ¡El problema es que no sé cuál me gusta más!

Uno se llama Alberto y es muy guapo. Es músico, toca la guitarra en un grupo, escribe poesía y canta. Ha viajado por todo el mundo y ha vivido en Ámsterdam y Nueva York. Es fantástico pero, no sé, parece un poco despistado. Por ejemplo, no me llama nunca, siempre llamo yo. Pero estos últimos meses hemos hecho muchas cosas juntos: hemos ido al teatro, al cine, a bailar, a conciertos, y... ¡ha escrito una canción para mí!

Luis es totalmente distinto. Es ingeniero y ha estudiado en Boston y en París. Tiene una sonrisa preciosa. Le encanta la montaña, pasear, comer bien... La verdad es que también lo he pasado muy bien con él. Hemos ido a esquiar dos veces, también hemos ido al fútbol... y hemos pasado un fin de semana increíble en un hotel muy romántico en la sierra. Además, me ha invitado a su casa y he conocido a toda su familia. Luis es un encanto, me llama todos los días y me ha regalado muchas cosas: un libro, discos, bombones, flores... y me ha dicho que está muy enamorado de mí.

¿Tú qué opinas? Un beso muy grande.

Raquel

- *Yo creo que Alberto es divertido, un poco desorganizado...*

61 **B.** Escucha a Raquel y Rocío. ¿Qué más cosas dice Raquel sobre Alberto y Luis?

C. Imagina que eres amigo o amiga de Raquel. ¿Cuál crees que es el mejor novio para ella? ¿Por qué?

4. ¿ERES UNA PERSONA ROMÁNTICA?

P. 169, EJ. 3-7; P. 170, EJ. 8

A. ¿Has hecho alguna vez estas cosas? Responde al test.

¿Eres una persona romántica?

	SÍ	NO
¿Has preparado alguna vez una cena romántica?	✓	
¿Alguna vez has escrito un poema de amor?	✓	
¿Has vivido alguna historia de amor apasionada?	✓	
¿Alguna vez has cantado una canción de amor a alguien?		✓
¿Te has enamorado alguna vez a primera vista?	✓	
¿Has tenido que mentir por amor?		✓
¿Has dicho alguna vez: "Te quiero"?	✓	
¿Alguna vez te has declarado a alguien por la radio o por la televisión?		✓
¿Has hecho alguna vez un viaje muy largo por amor?	✓	
¿Alguna vez has enviado rosas o bombones a alguien después de una cena?	✓	

Resultados del test:

ENTRE 0 Y 2 RESPUESTAS AFIRMATIVAS.

Eres una persona un poco fría. No sabes lo que significa la palabra "romanticismo". Pero cuidado: recuerda que todo el mundo necesita un poco de amor.

ENTRE 3 Y 6 RESPUESTAS AFIRMATIVAS.

Eres una persona bastante romántica. Te gusta demostrar tus sentimientos a la persona amada y hacer que él o ella se sienta bien.

7 o MÁS RESPUESTAS AFIRMATIVAS.

Sin duda eres una persona muy romántica. Pero, cuidado, vivir contigo puede ser como vivir en una novela rosa.

B. Lee los resultados. ¿Eres una persona romántica?

C. En el test aparece un nuevo tiempo verbal, el pretérito perfecto, que se forma con el presente del verbo **haber** y el participio del verbo. Subraya todos los verbos en pretérito perfecto del test.

D. Completa este cuadro con los infinitivos y los participios de los verbos que has encontrado. Luego, completa la norma.

PARTICIPIO: -ADO	PARTICIPIO: -IDO	OTROS
INFINITIVO → PARTICIPIO	INFINITIVO → PARTICIPIO	INFINITIVO → PARTICIPIO
preparar → preparado cantar - cantado enamorar - enamorado declarar - declarado enviar - enviado	~~escribir - escrito~~ vivir - vivido mentir - mentido Tener - tenido	escribir - escrito decir - dicho Hacer - hecho

PARTICIPIOS REGULARES
Los infinitivos que terminan en **-ar** forman el participio con la terminación: ....
Los infinitivos que terminan en **-er** forman el participio con la terminación: ....
Los infinitivos que terminan en **-ir** forman el participio con la terminación: ....

5. LO MÁS

A. Escribe las cosas más interesantes que has hecho desde que estás en España: lugares que has visitado, gente que has conocido, cosas curiosas que has hecho, etc.

He conocido a un chico muy especial.

1. ....
2. ....
3. ....
4. ....

B. Ahora un estudiante anota en la pizarra la información de toda la clase. ¿Qué es lo que han hecho más compañeros?

6. ¿NO SABES O NO PUEDES?

+ P. 171, EJ. 13

A. Mira el dibujo. ¿Por qué dice "no" la chica? ¿Y el chico?

B. Completa usando **puedes** o **sabes**.

- ¿............ tocar el piano?
- ○ Sí, he estudiado en el conservatorio durante muchos años.

- ¿............ tocar el piano?
- ○ No, ahora no, estoy cansada.

- ¿No .... conducir?
- ○ No, es que he bebido vino.

- ¿No .... conducir?
- ○ No, no tengo el carné.

C. ¿Cuáles de estas cosas sabes hacer bien? Márcalo y, luego, cuéntaselo a tus compañeros. ¿Quién sabe hacer más cosas?

- dibujar bien
- nadar
- jugar al ajedrez
- tocar la guitarra / el piano...
- cocinar
- coser
- conducir
- esquiar
- bailar tango / salsa...

- *Yo sé tocar la guitarra, bailar salsa...*

7. EL COMPAÑERO DE PISO IDEAL P. 171, EJ. 12 Y 14

A. Lee esta descripción del compañero de piso ideal para extranjeros que quieren vivir en España. ¿Estás de acuerdo? ¿Puedes añadir algo más?

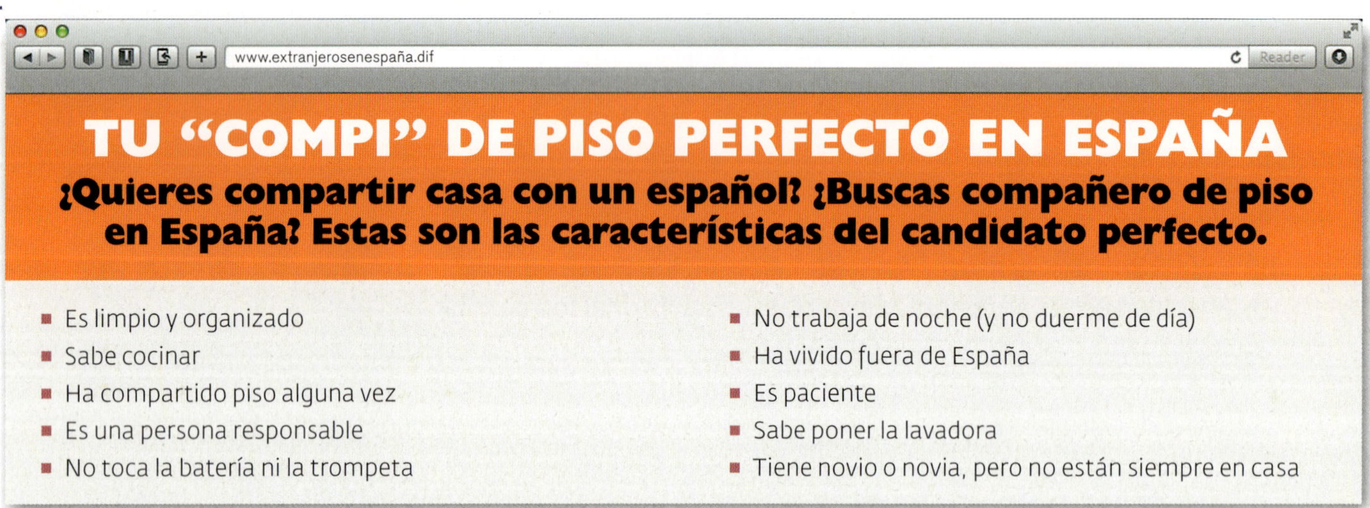

www.extranjerosenespaña.dif
TU "COMPI" DE PISO PERFECTO EN ESPAÑA
¿Quieres compartir casa con un español? ¿Buscas compañero de piso en España? Estas son las características del candidato perfecto.
Es limpio y organizado
Sabe cocinar
Ha compartido piso alguna vez
Es una persona responsable
No toca la batería ni la trompeta
No trabaja de noche (y no duerme de día)
Ha vivido fuera de España
Es paciente
Sabe poner la lavadora
Tiene novio o novia, pero no están siempre en casa

B. Ahora clasifica las frases de la descripción en el siguiente cuadro.

Cómo es	Experiencias	Cosas que hace (o no hace)	Otros

C. Completa ahora este otro texto.

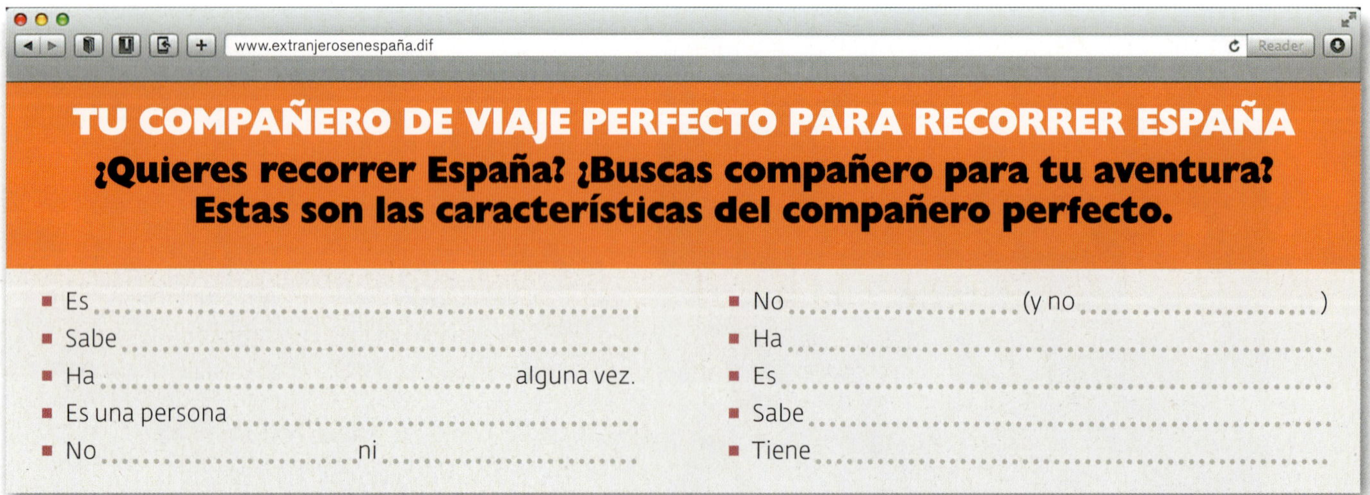

www.extranjerosenespaña.dif
TU COMPAÑERO DE VIAJE PERFECTO PARA RECORRER ESPAÑA
¿Quieres recorrer España? ¿Buscas compañero para tu aventura? Estas son las características del compañero perfecto.
Es ....
Sabe ....
Ha .... alguna vez.
Es una persona ....
No .... ni ....
No .... (y no ....)
Ha ....
Es ....
Sabe ....
Tiene ....

HABLAR DE EXPERIENCIAS PASADAS  P. 170, EJ. 9

PRESENTE DE HABER + PARTICIPIO		
(yo)	**he**	
(tú)	**has**	
(él/ella/usted)	**ha**	est**ado** ten**ido** viv**ido**
(nosotros/nosotras)	**hemos**	
(vosotros/vosotras)	**habéis**	
(ellos/ellas/ustedes)	**han**	

El pretérito perfecto sirve para hablar de experiencias pasadas sin referirnos a cuándo han ocurrido.

- ***He viajado*** *por todo el mundo.*
- *¡Qué suerte!*

En muchos casos con el pretérito perfecto utilizamos expresiones de frecuencia.

muchas veces
varias veces
tres veces
un par de veces (= **dos veces**)
alguna vez
una vez
nunca

- *¿Has estado* ***alguna vez*** *en Latinoamérica?*
- *Sí, he estado* ***muchas veces*** *en Argentina y* ***un par de veces*** *en Costa Rica.*

- *¿Has estado* ***alguna vez*** *en Japón?*
- *No,* ***nunca****.*

FÍJATE: ***Nunca*** *he estado en Japón.* = ***No*** *he estado* ***nunca*** *en Japón.*
~~*He estado* ***nunca*** *en Japón.*~~

¡Nunca he ido de vacaciones sin mi familia!

EL PARTICIPIO

VERBOS EN **-AR**: **-ADO**	VERBOS EN **-ER/-IR**: **-IDO**	**IRREGULARES**
viaj**ado**	conoc**ido**	**hecho**
estudi**ado**	ten**ido**	**dicho**
enamor**ado**	le**ído**	**escrito**
gust**ado**	com**ido**	**puesto**
habl**ado**	sal**ido**	**compuesto**
est**ado**	viv**ido**	**vuelto**
escuch**ado**	**ido**	**roto**

HABLAR DE HABILIDADES Y CAPACIDADES

	SABER	PODER	+ INFINITIVO
(yo)	**sé**	p**ue**do	
(tú)	sabes	p**ue**des	
(él/ella/usted)	sabe	p**ue**de	cocinar
(nosotros/nosotras)	sabemos	podemos	
(vosotros/vosotras)	sabéis	podéis	
(ellos/ellas/ustedes)	saben	p**ue**den	

- *¿**Sabes** conducir?*
- *Sí, pero no* ***puedo*** *conducir ahora porque no he traído las gafas.*

Cocina **muy bien**.
Cocina **bastante bien**.
Cocina **bastante mal**. = **No** cocina **muy bien**.
Cocina **muy mal**.
Cocina **fatal**.

- *¿Cocina bien tu padre?*
- *No, cocina* ***fatal****.*

ADJETIVOS DE CARÁCTER

EL GÉNERO

Recuerda que los adjetivos pueden ser masculinos (normalmente acabados en **o**) o femeninos (normalmente acabados en **a**). Sin embargo, hay adjetivos que tienen la misma forma para el masculino y para el femenino.

ACABADOS EN **-E**	ACABADOS EN **-ISTA**	ACABADOS EN **-AL**
inteligent**e**	ego**ísta**	punt**ual**
pacient**e**	optim**ista**	especi**al**
responsabl**e**	pesim**ista**	norm**al**
amabl**e**	real**ista**	le**al**

8. BUSCA A ALGUIEN QUE... P. 170, EJ. 10

A. Vas a preguntar a tus compañeros si han hecho alguna vez las cosas siguientes. Antes de empezar, escribe dos preguntas más.

1. perder las llaves de casa
2. ir a trabajar sin dormir
3. salir en la tele
4. enamorarse a primera vista
5. ganar un premio
6. mentir a un buen amigo
7. viajar sin dinero
8. encontrar algo de valor en la calle
9. ....
10. ....

B. Ahora haz las preguntas. Escribe al lado de cada frase el nombre del primero que conteste "sí" (no pases a la siguiente pregunta hasta encontrarlo).

9. EXPERIENCIAS LABORALES

P. 170, EJ. 11

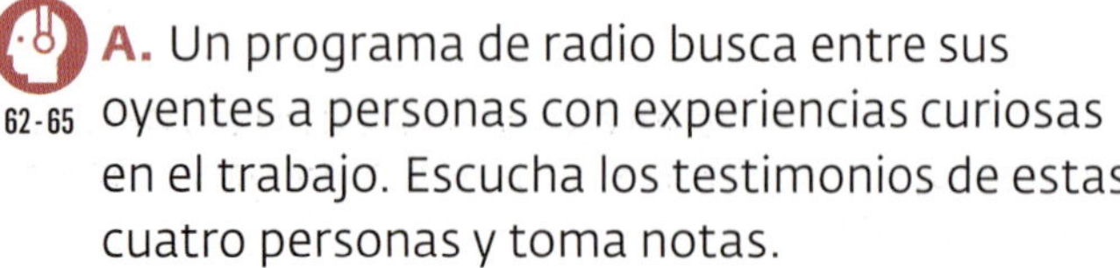

62-65 **A.** Un programa de radio busca entre sus oyentes a personas con experiencias curiosas en el trabajo. Escucha los testimonios de estas cuatro personas y toma notas.

1. ....
2. ....
3. ....
4. ....

B. En pequeños grupos, comentad las experiencias de estas personas y comparadlas con las vuestras.

- *Yo nunca he viajado por trabajo.*
- *Yo sí, muchas veces.*

10. CAMBIO DE VIDA

A. Imaginad que queréis cambiar de vida y decidís participar en este proyecto en Sarabarri, un pueblo abandonado de Navarra que queremos recuperar y convertir en nuestra casa. Leed el texto. Cada uno elige qué quiere hacer en esta nueva vida.

Reader
PROYECTO SARABARRI
¿ESTÁS CANSADO DE LA CIUDAD?
Puedes cambiar de vida en Sarabarri, Navarra. Para nuestro proyecto necesitamos:
AGRICULTORES Y AGRICULTORAS
Trabajan en los huertos y con los animales.
Son los responsables de la alimentación de todo el pueblo.
COMERCIANTES
Compran productos de fuera y venden los productos hechos en el pueblo.
MAESTROS Y MAESTRAS
Dan clase a los niños y a los adultos.
Son responsables también de las actividades culturales.
HOSTELEROS Y HOSTELERAS
Son los responsables del bar y del pequeño hotel del pueblo.
También preparan excursiones a la montaña para los turistas.

B. Para decidir quién va a hacer esos trabajos, tenéis que presentaros al resto de la clase, pero primero tenéis que preparar vuestra presentación. ¿Por qué sois los candidatos ideales?

Cómo soy

Qué sé hacer

Estudios

Experiencia laboral

C. Cada uno se presenta a la clase. Los demás hacéis preguntas.

- *Yo puedo ser maestra porque me gustan mucho los niños. Además, he dado clases particulares y he trabajado en el comedor de una escuela.*
- *¿Tienes paciencia?*
- *Sí.*
- *¿Has dado clase a adultos?*

D. Cada uno decide quién es su candidato ideal para cada trabajo. Luego, votáis. ¿Quiénes son los elegidos?

11. UNA NUEVA VIDA

A. Lee este artículo de una revista. ¿Alguien que tú conoces ha tomado una decisión como la de Carmen?

UNA NUEVA VIDA

Carmen Ferrer es de Zaragoza. Desde hace medio año vive en un pueblo de Huesca de tan solo 11 habitantes, donde ha comprado una casa que ha acondicionado como alojamiento rural. Carmen reconoce que dejar la ciudad y montar la casa rural ha sido "la mejor decisión de su vida".

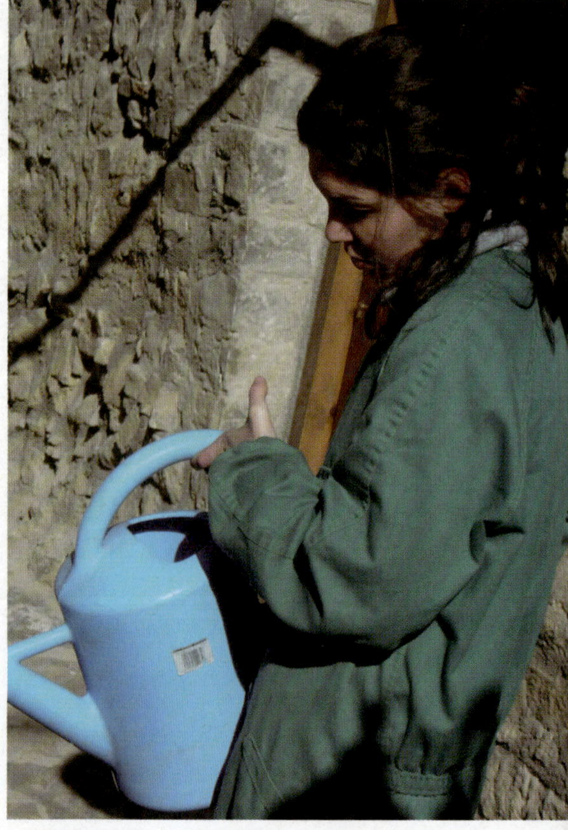

Un fin de semana de cada mes organiza unas jornadas de meditación en las que participan unas 20 personas, atraídas por el espectacular paisaje del Pirineo. El resto del tiempo, se dedica a atender a la gente que va a la casa rural y trabaja en su huerto. Ahora, aunque gana unas tres veces menos que antes, vive una vida tranquila y relajada. No echa de menos la vida en la ciudad.

Cada vez hay más gente que piensa que el dinero no es lo más importante. Además, en una época de crisis económica y pocas oportunidades laborales, muchos jóvenes desempleados deciden cambiar de vida e irse al campo, lejos de las comodidades y el estrés de la ciudad. Son conocidos como "neorurales". Son personas que se vuelven a interesar por profesiones casi extinguidas como la de pastor. Muchos plantan huertos, crían animales y vuelven a un estilo de vida más tradicional.

¿SABÍAS QUE...?

En España hay cerca de 3000 pueblos abandonados. Muchos de ellos se están repoblando con diferentes iniciativas (ecoaldeas, programas educativos, etc.).

Hay unos 40 pueblos en venta en España, la mayoría en el norte del país. En el municipio de A Coruña, en Galicia, hay una pequeña aldea a la venta por 59000 euros, unas tres veces menos de lo que vale un piso normal en Madrid.

La venta de pueblos es un negocio que está cada vez más de moda, sobre todo entre inversores extranjeros.

B. ¿Por qué crees que Carmen está contenta con su nueva vida? Coméntalo con tus compañeros.

C. Lee la ficha "¿Sabías que...?". Luego, busca información sobre aspectos similares en tu país. Presenta los datos en clase.

VÍDEO

EN CONSTRUCCIÓN

¿Qué te llevas de esta unidad?

Lo más importante para mí:

....

....

Palabras y expresiones:

....

....

Algo interesante sobre la cultura hispana:

....

....

Quiero saber más sobre...

....

....

MÁS EJERCICIOS

AULA.DIFUSION.COM
Soluciones de las actividades de esta sección.
¡Y más actividades autocorregibles para cada unidad!

Este es tu "cuaderno de ejercicios". En él encontrarás actividades diseñadas para fijar y entender mejor cuestiones **gramaticales** y **léxicas**. Estos ejercicios pueden realizarse individualmente, pero también los puede usar el profesor en clase cuando considere oportuno reforzar un determinado aspecto.

También puede resultar interesante hacer estas actividades con un compañero de clase. Piensa que no solo aprendemos cosas con el profesor; en muchas ocasiones, reflexionar con un compañero sobre cuestiones gramaticales te puede ayudar mucho.

NOSOTROS

1. ¿Quién crees que puede decir las siguientes frases?

	él	**ella**
1. Soy Julia.		✓
2. Tengo 42 años.		✓
3. Soy informática.		✓
4. Soy español.	✓	
5. Me llamo Marcos.	✓	
6. Soy española.		✓
7. Tengo 26 años.	✓	
8. Soy profesor de francés.	✓	
9. ¿Mis aficiones? El mar.		✓
10. ¿Mis aficiones? La música.	✓	

2. ¿Dónde trabaja cada uno? Relaciona las dos columnas. En algunos casos hay más de una posible combinación.

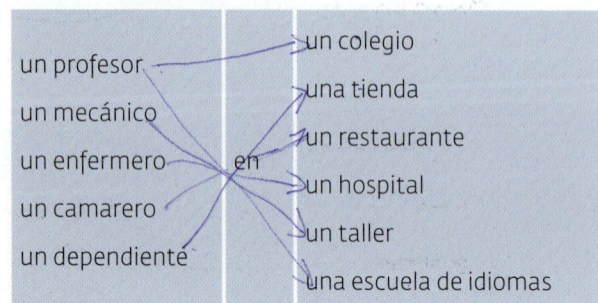

un profesor	en	un colegio
un mecánico		una tienda
un enfermero		un restaurante
un camarero		un hospital
un dependiente		un taller
		una escuela de idiomas

3. ¿De dónde proceden estas cosas? Escribe al lado de cada cosa la nacionalidad que crees que les corresponde. ¡Cuidado con el género!

Brasil | Italia | Portugal | Rusia | Argentina | Francia | Japón | India | España | Estados Unidos

1. el tangon: argentino
2. el queso Camembert: Francia
3. la pizza: Italia
4. el curry: India
5. el vodka: Rusia
6. la Coca-Cola: Estados Unidos
7. la bossa nova: Brasiliña
8. el fado: Portugal
9. el sushi: Japón
10. la paella: España

4. Siguiendo el ejemplo de la actividad anterior, escribe otras dos cosas y di con qué nacionalidad las relacionas.

1. la salchicha : Alemania
2. el tequila : Mexico
3. pescado y patata frita - Inglaterra
4. el ron : - Jamaica

5. Fíjate en estas palabras. ¿Son nacionalidades o profesiones? Clasifícalas como en los ejemplos.

profes**or** | profes**ora** | secretari**o** | secretari**a** | portugu**és** | portugu**esa** | suec**o** | suec**a** | estudi**ante** | alem**án** | aleman**a** | brasileñ**o** | brasileñ**a** | argentin**o** | argentin**a** | italian**o** | italian**a** | cociner**o** | cociner**a** | traduct**or** | traduct**ora** | perio**dista** | camarer**o** | camarer**a** | belg**a** | japon**és** | japon**esa** | estadouni**dense** | futbo**lista** | fotógraf**o** | fotógraf**a**

PROFESIONES		
MASCULINO	FEMENINO	MASCULINO Y FEMENINO
camarer**o**	camarer**a**	estudi**ante**
profesor	profesora	periodista
Secretario	Secretaria	futbolísta
cocinero	cocinera	
Camerero	camerera	
traductor	traductora	
fotógrafo	fotógrafa	

NACIONALIDADES		
MASCULINO	FEMENINO	MASCULINO Y FEMENINO
brasileñ**o**	brasileñ**a**	estadouni**dense**
Portuques	portuguesa	belga
Sueco	sueca	estadounidense
aleman	alemana	
brasileño	brasileña	
argentino	argentina	
Italiano	Italiana	
Japonés	Japonesa	

6. Completa las fichas de estos personajes famosos de países de habla hispana.

arquitecto | diseñadora | español | española | escritor | venezolana | peruano | actriz

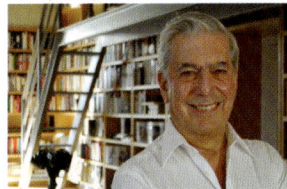

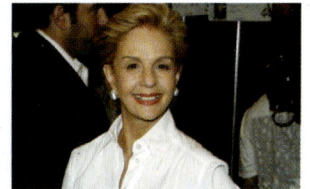

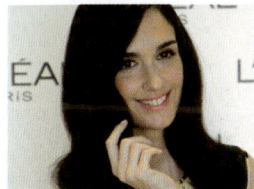

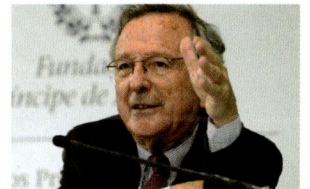

Nombre: Mario Vargas Llosa
Profesión: escretor
Nacionalidad: Peruano

Nombre: Paz Vega
Profesión: Actriz
Nacionalidad: española

Nombre: Carolina Herrera
Profesión: diseñadora
Nacionalidad: venezolana

Nombre: Rafael Moneo
Profesión: arquitecto
Nacionalidad: español

MÁS EJERCICIOS

7. Busca en internet quiénes son estas personas y completa sus fichas.

Nombre: Miquel Barceló
Profesión: ....
Nacionalidad: ....

Nombre: Gustavo Dudamel
Profesión: ....
Nacionalidad: ....

Nombre: Fernando Trueba
Profesión: ....
Nacionalidad: ....

Nombre: Maitena
Profesión: ....
Nacionalidad: ....

Nombre: Sara Baras
Profesión: ....
Nacionalidad: ....

8. Continúa cada una de estas series con tres números más.

1. tres, seis, nueve, doce..........................
2. doce, catorce, dieciséis, dieciocho..........................
3. treinta, cuarenta, cincuenta, Sesenta..........................
4. veinte, treinta y cinco, cincuenta, Setenta y cinco
5. noventa y dos, ochenta y dos, setenta y dos, Sesenta y dos
....
6. seis, doce, dieciocho, venticuatro..........................

66

9. Escucha y marca los números que oyes.

a	b	c	d	e	f	g	h
15	35	38	66	99	58	11	19
50	53	18	76	49	48	21	90

10. El recepcionista de un hotel te pide tus datos. Completa la conversación.

- Hola, buenos días.
- Hola.
- Su nombre, por favor.
- Mi nombre es Jeff..........
- ¿Nacionalidad?
- Soy Ingles..........
- ¿Profesión?
- 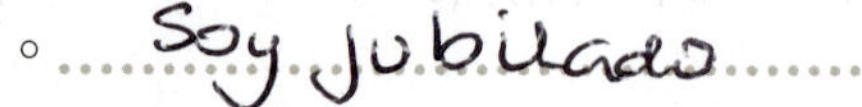

- Muchas gracias.
- De nada. Hasta luego.
- Adiós.

11. Completa las preguntas con las palabras que faltan.

1. • ¿.......... te dedicas?
   ∘ Soy estudiante.
2. • ¿.......... te llamas?
   ∘ Alberto.
3. • ¿.......... años tienes?
   ∘ 25.
4. • ¿.......... eres?
   ∘ Soy holandés.
5. • ¿.......... se escribe "banco"? ¿Con "b" o con "v"?
   ∘ Con "b".
6. • ¿.......... se dice *hello* en español?
   ∘ Hola.
7. • ¿.......... mexicano?
   ∘ No, soy español.
8. • ¿.......... significa "gracias"?
   ∘ *Thank you.*

12. Estas son las respuestas de Oliver, un estudiante de español, a una serie de preguntas personales. ¿Cuáles pueden ser las preguntas? ¿Y con la forma **usted**?

TÚ

• ¿Cómo te llamas?
∘ Oliver, Oliver G. Weigle.

• ....
∘ Soy austríaco, de Salzburgo.

• ....
∘ 35 años.

• ....
∘ Soy pintor y escultor.

• ....
∘ Sí, es oliver2345@yahoo.es.

• ....
∘ Sí, es el 616331977.

USTED

• ¿Cómo se llama?
∘ Oliver, Oliver G. Weigle.

• ....
∘ Soy austríaco, de Salzburgo.

• ....
∘ 35 años.

• ....
∘ Soy pintor y escultor.

• ....
∘ Sí, es oliver2345@yahoo.es.

• ....
∘ Sí, es el 616331977.

13. Clasifica estos verbos y luego tradúcelos a tu lengua.

- preguntar
- leer
- mirar
- bailar
- escribir
- escuchar
- ir
- vivir
- tener
- esquiar
- aprender
- ser
- responder
- entrar
- salir
- trabajar
- estudiar
- preferir

-AR	-ER	-IR

MÁS EJERCICIOS

SONIDOS Y LETRAS

67

14. Escucha y completa estas palabras con la sílaba que falta.

1. ....briel
2. ....vara
3. ....nea
4. ....mez
5. ....temala
6. ....pón
7. Ar........tina
8. ....nebra
9. ....sé
10. ....lio

15. ¿A qué país corresponden estas banderas? Completa los nombres. ¿Cómo se pronuncian?

1. Beli........e
2. ....olombia
3. Eslova........ia
4. Sui........a
5. ....anadá
6. ....uba
7. Vene........uela
8. Fran........ia

LÉXICO

16. Busca palabras en español que empiecen por las siguientes letras. Asegúrate de que las entiendes.

b..............................
d..............................
f..............................
j..............................
l..............................
n..............................
p..............................
r..............................
t..............................
v..............................

17. Relaciona los verbos con los iconos correspondientes.

- escuchar
- comentar
- mirar
- escribir
- oír
- observar
- marcar
- hablar

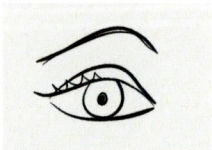

....
....

....
....

....
....

....
....

18. ¿Qué profesiones relacionas con estas cosas?

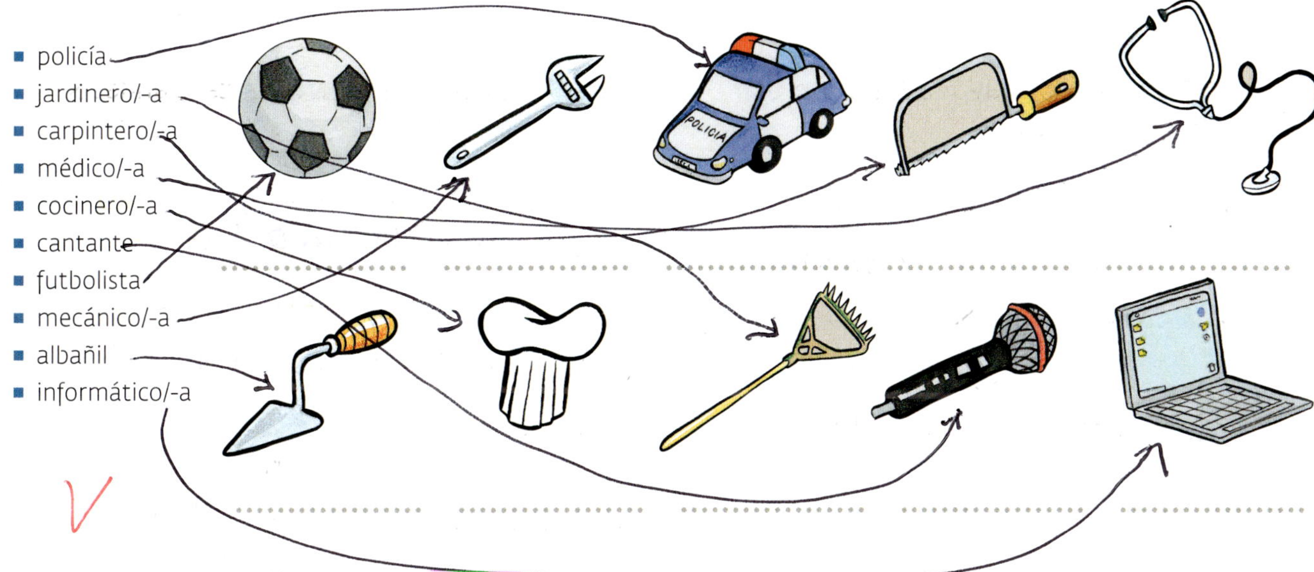

- policía
- jardinero/-a
- carpintero/-a
- médico/-a
- cocinero/-a
- cantante
- futbolista
- mecánico/-a
- albañil
- informático/-a

19. Fíjate en este DNI. ¿Qué palabras puedes deducir?

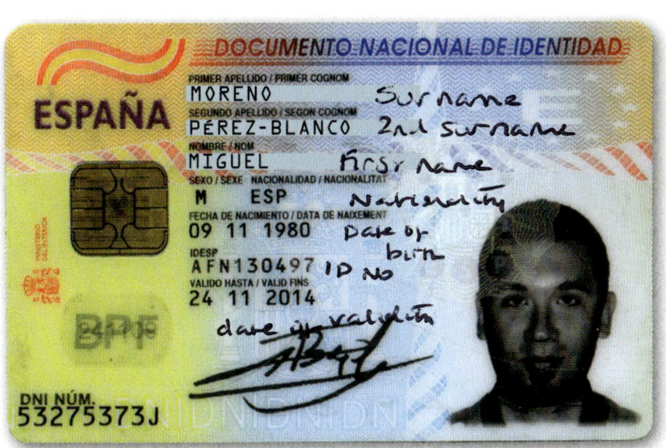

DOCUMENTO NACIONAL DE IDENTIDAD

ESPAÑA

PRIMER APELLIDO / PRIMER COGNOM
MORENO

SEGUNDO APELLIDO / SEGON COGNOM
PÉREZ-BLANCO

NOMBRE / NOM
MIGUEL

SEXO / SEXE NACIONALIDAD / NACIONALITAT
M ESP

FECHA DE NACIMIENTO / DATA DE NAIXEMENT
09 11 1980

IDESP
AFN130497

VALIDO HASTA / VALID FINS
24 11 2014

DNI NÚM.
53275373J

20. Contesta estas preguntas sobre el DNI de la actividad anterior.

1. ¿Cómo se llama esta persona?

   Miguel Perez-Blanco Moreno

2. ¿De dónde es?

   ESPANA

3. ¿Qué edad tiene?

   ....

21. Mi vocabulario. Anota las palabras de la unidad que quieres recordar.

QUIERO APRENDER ESPAÑOL

1. Relaciona los elementos para construir frases lógicas.

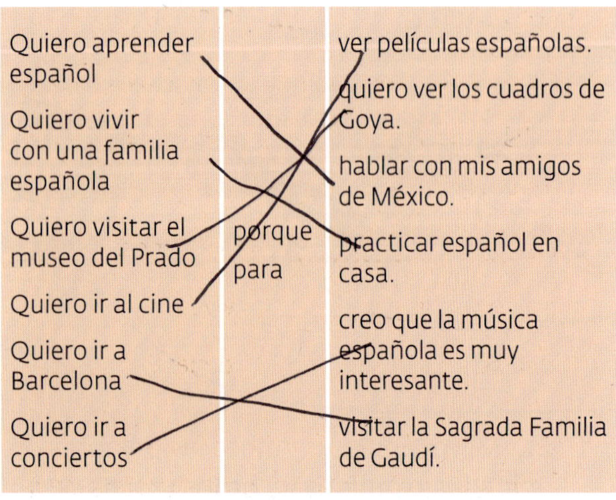

Quiero aprender español	porque	ver películas españolas.
Quiero vivir con una familia española	para	quiero ver los cuadros de Goya.
Quiero visitar el museo del Prado		hablar con mis amigos de México.
Quiero ir al cine		practicar español en casa.
Quiero ir a Barcelona		creo que la música española es muy interesante.
Quiero ir a conciertos		visitar la Sagrada Familia de Gaudí.

2. Completa este programa con tus actividades preferidas.

CURSOS

Curso de .... Curso de ....

Curso de .... Curso de ....

EXCURSIONES

Excursión a

....

Visita a

....

CLUB SOCIAL

....

....

ACTIVIDADES CULTURALES

....

....

3. Escribe las formas que faltan.

	ESCUCHAR	TRABAJAR	COMPRAR
(yo)	escucho	trabajo	compro
(tú)	escuchas	trabajas	compras
(él/ella/usted)	escucha	trabaja	compra
(nosotros/nosotras)	escuchamos	trabajamos	compramos
(vosotros/vosotras)	escucháis	trabajáis ~~compráis~~	compráis
(ellos/ellas/ustedes)	escuchan	trabajan	compran

4. Fíjate en el verbo **comer** y escribe las formas de los verbos **leer** y **aprender**.

	COMER	LEER	APRENDER
(yo)	como	Leo	Aprendo
(tú)	comes	Lees	Aprendes
(él/ella/ usted)	come	Lee	Aprende
(nosotros/ nosotras)	comemos	Leemos	Aprendemos
(vosotros/ vosotras)	coméis	Leís	Aprendéis
(ellos/ellas/ ustedes)	comen	Leen	Aprenden

5. Coloca las formas verbales al lado del sujeto correspondiente.

escribís | escribe | escribimos | escribe
escriben | escribo | escribes | escriben

Yo escribo en el libro

Tú escribes un carte

Marta escribe tu un carte

Óscar escribe dos palabras en la pizarra

Manuel y yo escribimos novelas

Javier y tú escribís en el perodico

Rocío y Tomás escriben en la casa

Rosa y Carmen escriben historias para niños

6. ¿A qué persona corresponden estas formas verbales? Escribe el pronombre personal de sujeto al lado de cada forma.

quieres: tú

leéis:

hace:

tengo:

conozco:

ve:

aprendemos:

hablas:

leen:

escribís:

tenéis:

hago:

ven:

queremos:

vives:

tienes:

7. ¿Cuál es el infinitivo de los verbos de la actividad anterior? Clasifícalos según su conjugación. Luego, clasifícalos en regulares e irregulares.

-AR	-ER	-IR

REGULARES	IRREGULARES

MÁS EJERCICIOS

8. Completa este anuncio de una página web de intercambios. Pon los verbos adecuados en la forma correcta.

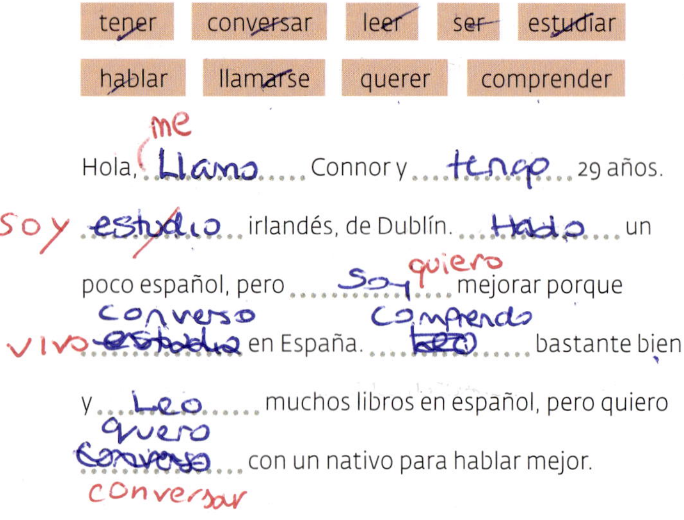

tener | conversar | leer | ser | estudiar | hablar | llamarse | querer | comprender

Hola, ... Connor y .... 29 años. .... irlandés, de Dublín. .... un poco español, pero .... mejorar porque .... en España. .... bastante bien y .... muchos libros en español, pero quiero .... con un nativo para hablar mejor.

9. ¿Qué artículos acompañan a las siguientes palabras?

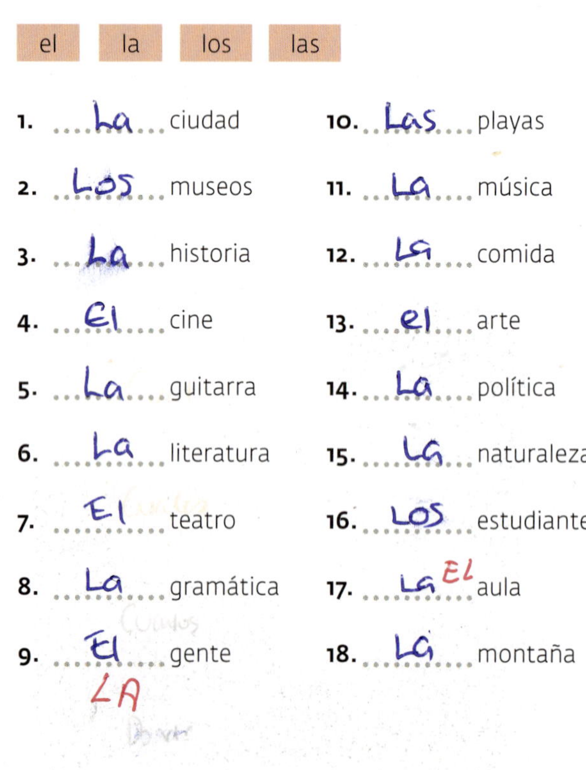

el | la | los | las

1. .... ciudad
2. .... museos
3. .... historia
4. .... cine
5. .... guitarra
6. .... literatura
7. .... teatro
8. .... gramática
9. .... gente
10. .... playas
11. .... música
12. .... comida
13. .... arte
14. .... política
15. .... naturaleza
16. .... estudiantes
17. .... aula
18. .... montaña

10. Clasifica estas palabras en la tabla y ponles el artículo. Luego, escríbelas en plural, como en los ejemplos.

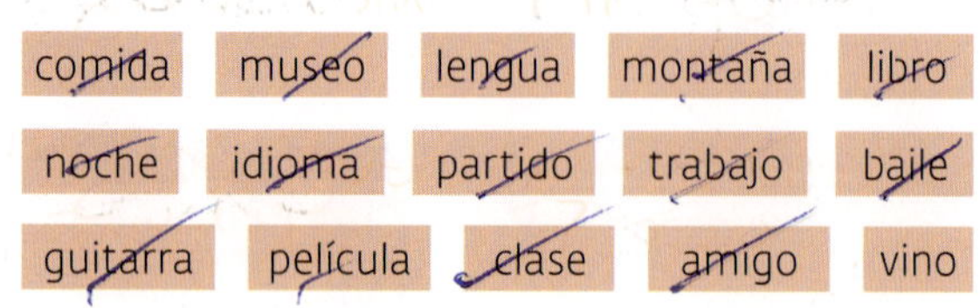

comida | museo | lengua | montaña | libro | noche | idioma | partido | trabajo | baile | guitarra | película | clase | amigo | vino

MASCULINO		FEMENINO	
SINGULAR	PLURAL	SINGULAR	PLURAL
el museo	los museos	la comida	las comidas

11. Relaciona los verbos con los elementos del cuadro. En algunos casos hay más de una posibilidad.

querer	1	A	deporte
leer	2	B	34 años
hacer	3	C	en Argentina
ver	4	D	emails
tener	5	E	el periódico
conocer	6	F	aprender árabe
aprender	7	G	la televisión
hablar	8	H	francés bastante bien
escribir	9	I	a cocinar
vivir	10	J	los museos de la ciudad

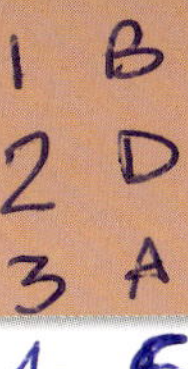

12. ¿En qué páginas de internet puedes realizar las siguientes actividades? Relaciona.

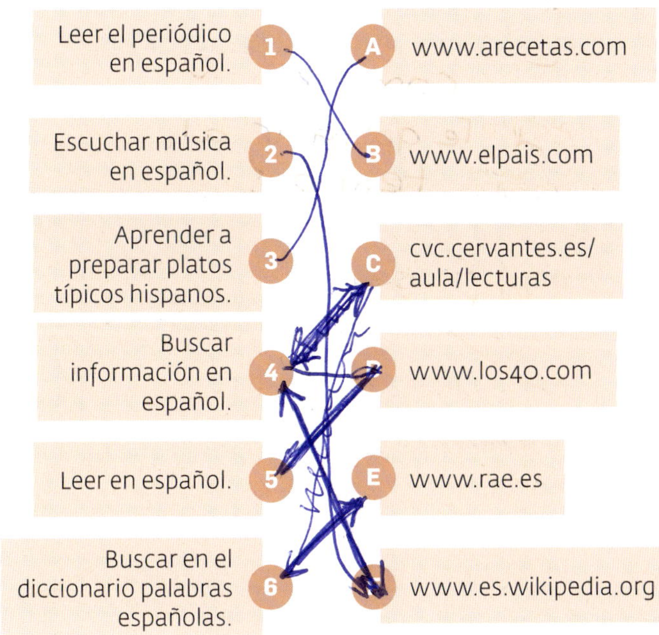

Leer el periódico en español.	1	A	www.arecetas.com
Escuchar música en español.	2	B	www.elpais.com
Aprender a preparar platos típicos hispanos.	3	C	cvc.cervantes.es/aula/lecturas
Buscar información en español.	4	D	www.los40.com
Leer en español.	5	E	www.rae.es
Buscar en el diccionario palabras españolas.	6	F	www.es.wikipedia.org

13. ¿Cómo haces estas cosas? Escribe frases usando las expresiones.

muy bien | bien | regular | mal | muy mal

Cocino ....

Bailo ....

Leo en español ....

Escribo ....

Canto ....

Hablo inglés ....

14. Escribe una pregunta para cada respuesta.

1
- ¿.......................................?
- Trabajo en una orquesta, soy pianista.

2
- ¿.......................................?
- Quiero ir a Valencia para ver la ciudad.

3
- ¿.......................................?
- Quiero trabajar en España.

4
- ¿.......................................?
- ¿En clase? Muchas cosas, hablamos de muchos temas, leemos, estudiamos gramática, vemos vídeos, etc.

5
- ¿.......................................?
- Sí, pero muy mal.

15. Ahora escribe cinco preguntas que quieres hacerles a tus compañeros de clase.

1. ¿Cual es tu pelicula favorita?
2. ¿Donde está tu lugar favorito?
3. ¿Tienes hermanos y hermanas?
4. ¿Que comida le gusta comer?
5. ¿Te gusta ir al teatro?

SONIDOS Y LETRAS

68 **16.** Lee y escucha estas frases. Fíjate especialmente en la pronunciación de las letras marcadas.

1. El arte	El museo
2. Quiero aprender	Quiero trabajar
3. ¿Estudias alemán?	¿Estudias ruso?
4. La historia	La playa
5. Quieren ir de compras	Quieren comprar libros
6. Estudiar en Francia	Estudiar chino
7. La universidad	La clase

17. Ahora marca en estas frases qué palabras pronunciamos juntas. Luego, Léelas en voz alta. Grábate.

- Quiero aprender español.
- Hablo un poco de inglés.
- La historia de España es muy interesante.
- ¿Estudias alemán?
- Quiero ir a vivir a México.
- Quieren ir al museo Reina Sofía y conocer el arte español.
- Las excursiones de esta semana no son interesantes.

LÉXICO

18. Traduce estas dos frases a tu lengua. ¿Usas el mismo verbo en los dos casos?

- Quiero aprender español.

....

- Quiero mucho a mis padres.

....

19. Busca en la unidad expresiones con **ir de**, **ir a**, **ir al**, **salir de** y **salir a**. Escríbelas.

ir de ....

ir a ....

ir al ....

salir a ....

salir de ....

20. Completa este texto con el nombre de las lenguas oficiales de España. Puedes buscar en internet la información que necesites.

En España hay cuatro lenguas oficiales: el ...., que es el único que se habla en todo el territorio, el ...., que se habla en el País Vasco y Navarra, el ...., que se habla en Cataluña, en Valencia (donde se llama valenciano) y en las Islas Baleares, y el ...., que se habla en Galicia.

El ...., el .... y el .... son lenguas románicas (proceden del latín). El origen del .... no se conoce con seguridad.

21. Relaciona los elementos de las dos columnas para formar frases. Hay varias posibilidades.

hablar	español
escribir	bien
leer	mal
comprender	con un compañero
	en francés
	en japonés
	una frase
	una palabra
	un e-mail
	una novela
	un libro
	en voz alta
	en voz baja

22. ¿Cómo se llaman las lenguas que se hablan en estos países? Puedes buscar en internet.

1. Rusia: ....
2. Italia: ....
3. República Checa: ....
4. China: ....
5. Brasil: ....

23. Mi vocabulario. Anota las palabras de la unidad que quieres recordar.

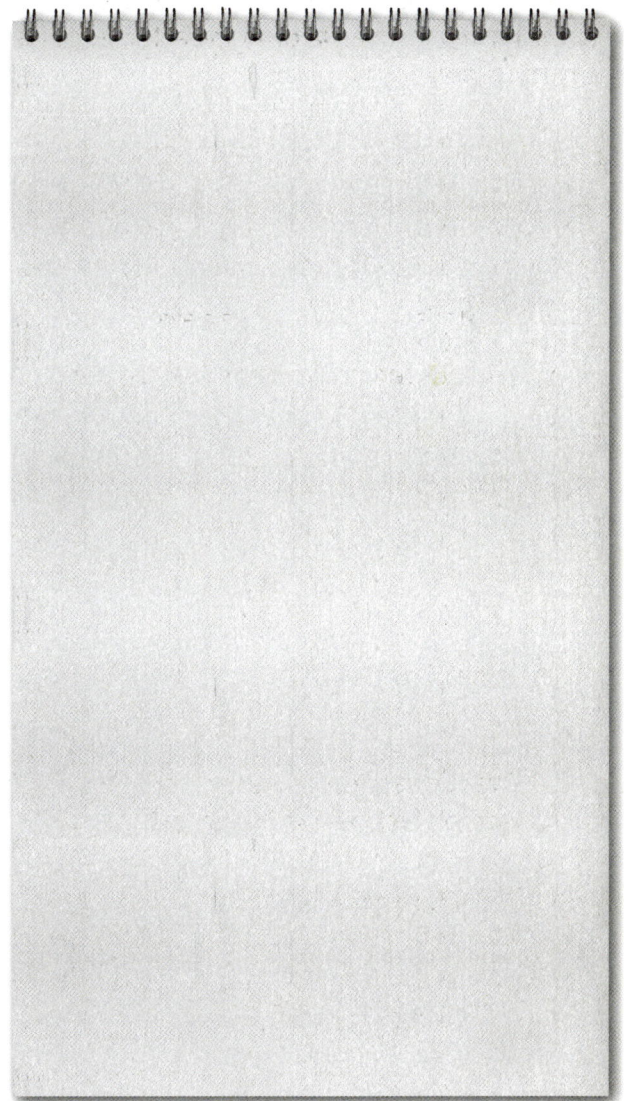

¿DÓNDE ESTÁ SANTIAGO?

1. Prepara una ficha como la de España (página 37) sobre un país de Latinoámerica.

Capital: Mexico City
Lenguas oficiales: Dos el espanol y el maya
Clima: tropical y lluviosa
Moneda: el peso
Un producto importante: el tequila
Población: 112 million
Un plato típico: Burritos
Lugares de interés turístico: Mayan Restos

2. Completa estas preguntas sobre Bolivia con las palabras **qué**, **cuál**, **cuáles**, **dónde**, **cómo**, **cuántos**.

a
- ¿ Que es el clima de Bolivia?
- Es distinto en cada región: húmedo y tropical o frío y semiárido.

b
- ¿ Que es el ajiaco?
- Es un tipo de sopa.

c
- ¿ Cual es la bebida típica de Bolivia?
- El chicha. Es una bebida alcohólica de maíz.

d
- ¿ Cuales son las lenguas oficiales de Bolivia?
- El español, el aymara y el quechua.

e
- ¿ Cuantos habitantes tiene el país?
- Más de 8 millones.

f
- ¿ Donde está Bolivia?
- En América del Sur. Tiene frontera con Perú, Brasil, Paraguay, Argentina y Chile.

3. Completa con **qué**, **cuál** o **cuáles**. Después, busca las respuestas en internet.

1.
- ¿ Cual es la bachata?
- ....

2.
- ¿ Que es la playa más grande de Cádiz?
- ....

3.
- ¿ Cuales son los productos típicos de Cuba?
- ....

4.
- ¿ Cual es el flamenco?
- ....

5.
- ¿ Que es el país más pequeño de América Central?
- ....

6.
- ¿ Que es el río más largo de América del Sur?
- ....

4. Rellena este cuadro con las formas que faltan de los verbos.

	SER	ESTAR
(yo)	soy	estoy
(tú)	eres	estas
(él/ella/usted)	es	esta
(nosotros/nosotras)	somos	estamos
(vosotros/vosotras)	sois	estais
(ellos/ellas/ustedes)	son	estan

5. Observa el mapa y construye frases con **hay**, **es / son**, **está/n**.

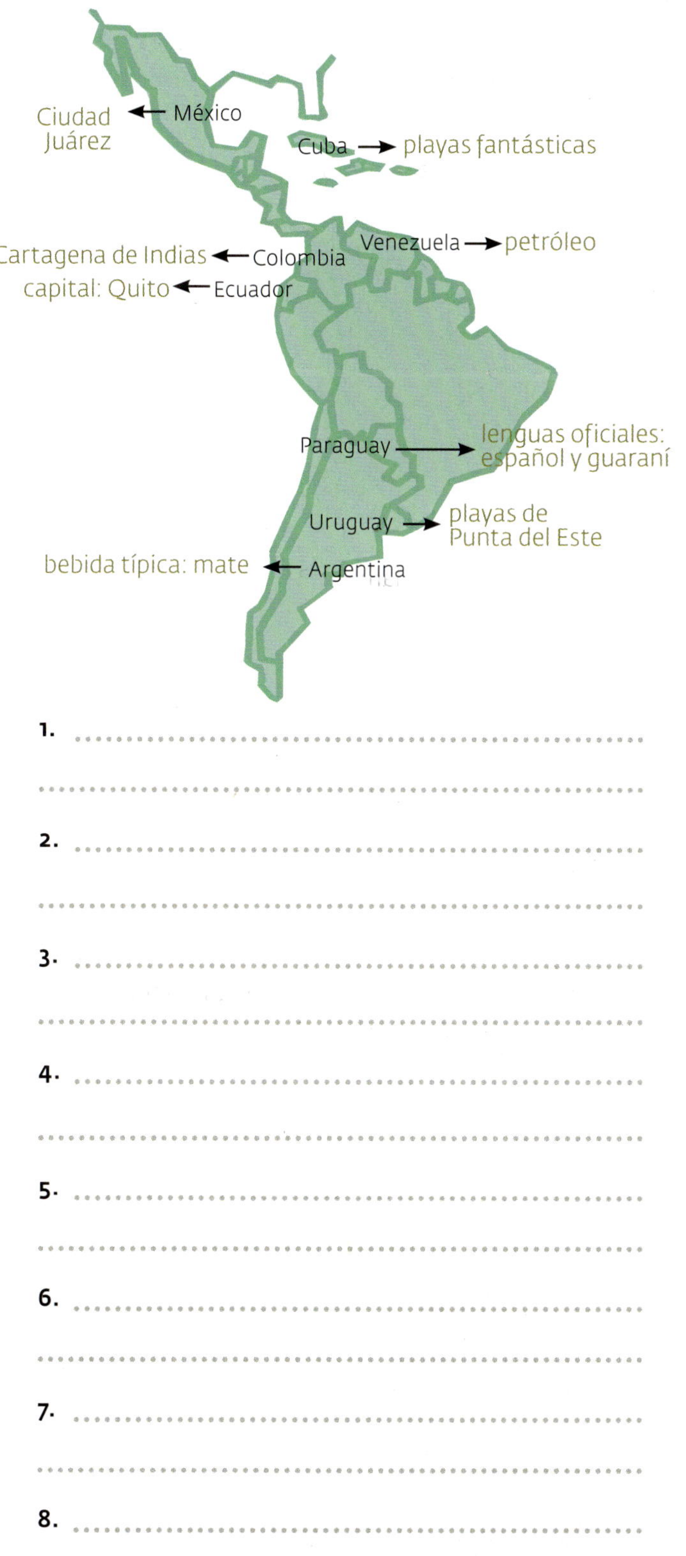

1. ....

....

2. ....

....

3. ....

....

4. ....

....

5. ....

....

6. ....

....

7. ....

....

8. ....

....

6. Lee esta conversación de chat entre Leda, una chica brasileña que quiere visitar España, y Ana, una chica valenciana. ¿Puedes escribir algunas de las respuestas de Ana? Busca en internet si es necesario.

LEDA18: ¡Hola! Me llamo Leda. Soy brasileña. Voy a España a final de mes. ¿Hay algún español conectado?

ANA-VLC: Hola, soy Ana, de Valencia.

LEDA18: Hola, Ana. Viajo con un amigo y queremos hacer una ruta por todo el país.

ANA-VLC: ¡Qué bien!:)

LEDA18: Sí. Primero vamos a Madrid. ¿Qué cosas interesantes hay?

ANA-VLC: ....
....

LEDA18: Y también un acueducto romano muy lindo, ¿no?

ANA-VLC: Bueno, sí, pero está en Segovia, no en Madrid.

LEDA18: ¿Y en España hay parques naturales? Soy bióloga y...

ANA-VLC: ....

LEDA18: ¿Dónde está?

ANA-VLC: ....

LEDA18: También queremos ir a Sevilla y visitar la Giralda y la Alhambra.

ANA-VLC: Bueno, la Giralda sí está en Sevilla, pero la Alhambra..........................

LEDA18: ¡Ah, sí! ¡Es verdad! ¿Y hay playas bonitas en España?

ANA-VLC: ....

LEDA18: ¿Dónde están exactamente?

ANA-VLC: ....

LEDA18: ¡Perfecto! Muchas gracias, Ana. :)

MÁS EJERCICIOS

7. Relaciona los elementos para formar frases.

Valparaíso Mallorca Lima Puerto Rico Barcelona México	es está	una ciudad muy turística. en la costa. una isla. En América del Norte. la capital de Perú. en el Caribe.

8. Completa estas frases. Fíjate en que según el verbo necesitas dar una información diferente.

Yo estoy ....

En mi país hay..

.... está en mi país

La ciudad donde vivo está.............................

La ciudad donde vivo es................................

9. Estás de viaje en un lugar que te gusta y escribes un blog. Completa el texto.

RELATO SOBRE MI VIAJE CUARTO DÍA

Aquí todo es .... Hay .... Hoy estamos en ...., que está en .... La gente es .... La comida es .... y el plato más típico es .... Hace .... y el clima es .... Mañana visitamos ...., que está en ...., dicen que es muy .... Además, allí hay .... Después vamos a ....

10. ¿Cómo es el clima en España? 

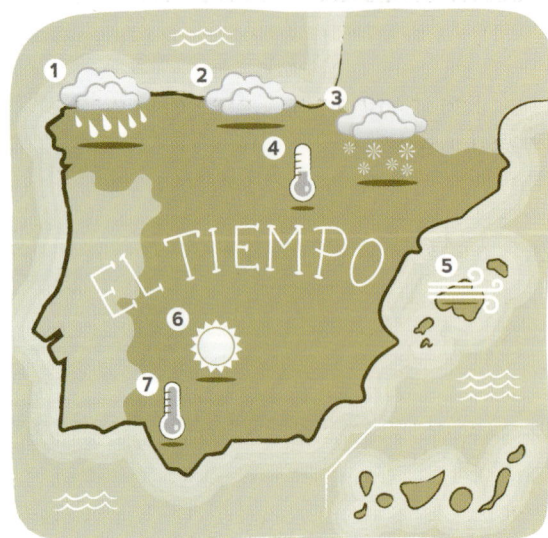

EL TIEMPO

1. En Santiago de Compostela ....
2. En Bilbao ....
3. En Huesca ....
4. En Soria ....
5. En Mallorca ....
6. En Sevilla ....
7. En Cádiz ....

11. Completa el siguiente texto sobre el clima en España con **muy**, **mucho**, **muchos**, **muchas**.

España es un país con .... climas diferentes. En la zona mediterránea, los veranos son .... secos, no llueve .... y no hace frío. En el norte, en general, llueve .... y las temperaturas son suaves. En el interior, las temperaturas son más extremas: los veranos son .... calurosos y los inviernos .... fríos. En .... zonas del sur, llueve .... poco durante todo el año y en verano hace .... calor.

12. Escribe en tu cuaderno un texto parecido describiendo el clima en tu país.

13. Escribe una pregunta posible para cada respuesta.

- ¿Dónde está el Kilimanjaro?
- En África.

- ....
- Templado.

- ....
- ¿Elefantes? ¡No!

- ....
- El portugués.

- ....
- El peso mexicano.

- ....
- Es una bebida.

- ....
- La Habana.

- ....
- Cuatro: el castellano, el catalán, el vasco y el gallego.

14. ¿De qué país se trata?

Suiza | Rusia | Australia | Noruega | Brasil | Egipto | Jamaica | Marruecos

1. Es el país más poblado de Latinoamérica.

   ....

2. Hay muchos canguros.

   ....

3. Está en el Caribe y es famoso por el reggae.

   ....

4. Hay tres pirámides muy famosas.

   ....

5. En este país está el punto más al norte de Europa.

   ....

6. Es el país más grande del mundo.

   ....

7. Hay cuatro lenguas oficiales: el francés, el italiano, el alemán y el romanche.

   ....

8. Hay una ciudad que se llama Casablanca.

   ....

69

15. Escucha fragmentos del programa de radio de la actividad 7 de la unidad (página 40) y toma nota de las reacciones.

a.

- Manuela, ¿sabes que la montaña más alta del mundo está en Argentina?
- ....?
- Sí, es el Aconcagua y está en la cordillera de los Andes.
- Ah, ..., el Aconcagua... ¿Qué más?

b.

- ¿Cuál es el país más poblado del mundo hispano, con más de 110 millones de habitantes?
- México, ¿....................?
- Sí, es México, muy bien.

c.

- Y para terminar, otro dato que puede interesar a los amantes del café. ¿Qué países son los mayores productores de café de Centroamérica?
- ....
- Pues son Guatemala y Honduras. Pero en América del Sur hay un país que produce más café: ¡Colombia!

SONIDOS Y LETRAS

70 **16.** Escucha estas palabras y colócalas en su casilla correspondiente según su sílaba fuerte.

típico / ciudad / dólar / café / isla / interés / importante / capital / concurso / lugar / catalán / moneda / calor / Galápagos / población / México / simpática / húmedo / después / autobús / también / allí / infusión / Pacífico / América / región / Perú / kilómetro

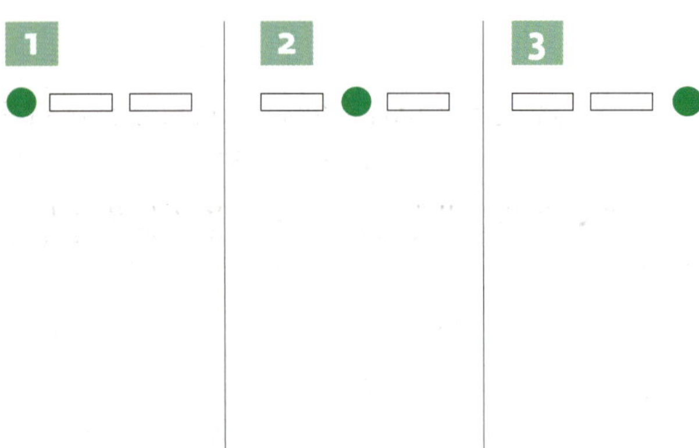

17. Lee estas reglas. A continuación, busca otros ejemplos en el libro y anótalos.

Las palabras con el acento en la antepenúltima sílaba (esdrújulas) llevan siempre una tilde.

Las palabras con el acento en la penúltima sílaba (llanas) solo llevan tilde cuando no terminan en **vocal**, en **-n** o en **-s**.

Las palabras con el acento en la última sílaba (agudas) llevan tilde cuando acaban en **vocal**, **-n**, o en **-s**.

Otros ejemplos:

ESDRÚJULAS	LLANAS	AGUDAS

LÉXICO

18. Completa las frases con estas palabras.

isla / montaña / río / bebida / ciudad / capital / cordillera

1. El Nilo es el .... más largo de África.
2. Cuba es una .... del Caribe.
3. El Everest es la .... más alta del mundo.
4. Bilbao es una .... del norte de España.
5. La .... de los Andes está en Sudamérica.
6. Lima es la .... de Perú.
7. El pisco es una .... típica de Perú y de Chile.

19. Escribe el nombre de estas cosas, pensando en tu país. Si en tu país no hay ningún lugar así, puedes escribir "no hay".

Mi ciudad preferida:
Una isla:
Un río:
Un pueblo muy bonito:
Una montaña:
Un puerto:
Mi región:

20. ¿Qué adjetivos se pueden combinar con estas palabras?

CLIMA	MONTAÑA	PAÍS	COMIDA
frío			

alto/a, frío/a, seco/a, templado/a, importante, típico/a, interesante, precioso/a, bueno/a, húmedo/a, bonito/a, turístico/a, grande, famoso/a, poblado/a, tropical, seco/a, conocido/a

21. Escribe cuatro frases sobre tu país con palabras de la actividad anterior.

En Finlandia el clima es frío.

1. ....
2. ....
3. ....
4. ....

22. Une los elementos de las dos columnas para formar expresiones. Hay varias posibilidades.

un país	típico
un río	que pasa por varios países
un desierto	muy alta
una lengua	húmedo
una selva	muy grande
una montaña	muy frío
una ciudad	con muchos habitantes
un clima	indígena
un plato	muy rico
un palacio	antiguo

23. Ahora busca nuevas combinaciones que quieras aprender en español.

un país con pocos habitantes
un río ....
una lengua ....
una montaña ....
un plato ....
una selva ....
un desierto ....
un clima ....
una ciudad ....
un palacio ....

24. Mi vocabulario. Anota las palabras de la unidad que quieres recordar.

¿CUÁL PREFIERES?

71-74 **1.** Vuelve a escuchar el diálogo de la actividad 2 (página 48) y apunta en tu cuaderno expresiones para describir ropa, por ejemplo: **es bonita**, **es de manga larga**, etc.

75 **2.** Dos amigas miran ropa por internet. Escucha la conversación y anota la información que falta sobre las siguientes prendas de ropa.

Modelo: vestido Verónica
Colores: beis y negro
Talla: pequeña y grande
Precio: ....

Modelo: vestido de punto
Colores: gris y rojo / gris y negro
Talla: pequeña, mediana y grande
Precio: ....

Modelo: minifalda vaquera
Colores: azul / negro
Talla: pequeña y mediana
Precio: ....

Modelo: falda urbana
Colores: gris y negro / rojo y negro
Talla: pequeña, mediana y grande
Precio: ....

Modelo: falda india
Colores: rojo / negro
Talla: pequeña, mediana y grande
Precio: ....

Modelo: falda safari
Colores: marrón / ....
Talla: mediana y grande
Precio: 19,99 euros

75 **3.** Vuelve a escuchar la conversación. ¿Qué compran al final?

....

....

....

4. Completa con **qué**, **cuál** y **cuáles**.

1. • ¿.................. camiseta prefieres?
   ○ No sé, la roja quizás.
2. • ¿.................. botas prefieres?
   ○ No sé, quizás estas, pero son muy caras. ¿Y tú .... prefieres?
   • Estas también.
3. • Mira, estos son los pijamas más bonitos. ¿.................. compramos?
   ○ El rojo es del estilo de Ana, ¿no?
   • Sí, es verdad.
4. • ¿Compramos una revista de moda para Míriam?
   ○ Vale, pero ¿..................?
   • No sé, hay muchas.
5. • Marcos, ¿.................. me llevo?
   ○ Los azules, son los más bonitos.
6. • ¿.................. perfume llevas? Es nuevo, ¿no?
   ○ Sí, se llama Abril. Es un regalo de Arturo.
7. • ¿.................. es tu coche? ¿Este?
   ○ No, el rojo.

5. Completa el cuadro con las formas que faltan.

	TENER	PREFERIR
(yo)	tengo	....
(tú)	....	....
(él/ella/usted)	....	....
(nosotros/nosotras)	....	....
(vosotros/vosotras)	....	preferís
(ellos/ellas/ustedes)	....	....

6. Coloca las formas verbales al lado del pronombre correspondiente.

vamos vas voy va van vais

	IR
(yo)	voy
(tú)	vas
(él/ella/usted)	va
(nosotros/nosotras)	vamos
(vosotros/vosotras)	vans
(ellos/ellas/ustedes)	van

7. ¿Qué lleva Elisa en la maleta? Escríbelo.

un biquini, una camisa, unas sandalias
unos pantalones cortos, una falda
una blusa, traje de baño, una suetor
los zapatos, un vestido, un blusa de manga corta
un una camiseta

8. Imagina que en verano te vas de viaje un fin de semana a Barcelona. Anota en tu cuaderno qué ropa y complementos vas a llevar en la maleta. Ten en cuenta las actividades que tienes programadas.

	SÁBADO	DOMINGO
mañana	Visita guiada al barrio gótico	Excursión al parque natural del Montseny
tarde	Parque de atracciones	Comida en un restaurante del puerto
noche	Concierto	Regreso en avión

9. Completa los siguientes diálogos con las formas adecuadas de **tener** o **tener que**.

1. • (yo) ~~Voy~~ Tengo ir a la farmacia, ¿necesitas algo?
   ○ No, gracias.
2. • ¿(tú) Tienes que un secador de pelo?
   ○ Yo no, pero creo que Teresa tienes uno.
3. • ¿Sabes que en octubre nos vamos de viaje a Suecia?
   ○ ¿Sí? ¡Qué bien! Pero (vosotros) tienen llevar mucha ropa de abrigo, que allí hace mucho frío.
4. • (Nosotros) tenemos preparar la excursión de este fin de semana. A ver, ¿qué cosas tengo y qué tienes comprar?
   ○ Yo tengo que un mapa y creo que Miguel y Ana tienes que dos tiendas de campaña. ¿Qué más necesitamos?

10. ¿Con qué palabras relacionas cada uno de estos tres verbos? Escribe el número de cada uno donde corresponda.

1 **tener** 2 **ir** 3 **tener que**

(2) de viaje
(3) llevar el pasaporte
(3) pagar con tarjeta
(1) muchos amigos
(3) estudiar español
(3) comprar crema protectora
(2) en autobús
(1) aspirinas
(3) de compras
(2) de vacaciones

11. ¿Conoces otras expresiones con los verbos de la actividad anterior (**tener**, **ir** y **tener que**)? Escríbelas.

Tengo un nuevo auto. Es negro ✓
Tengo que ir al hospital
Tienen que ir a Barcelona el lunes.

MÁS EJERCICIOS

12. ¿De qué color es cada cosa?

blanco/-a/-os/-as	**marrón/-ones**	**rosa/s**
amarillo/-a/-os/-as	**gris/es**	**verde/s**
negro/-a/-os/-as	**azul/es**	**lila/s**
rojo/-a/-os/-as	**naranja/s**	**beis**

1. La leche es blanca

2. El petróleo es ~~azul~~ negro

3. Los plátanos son amarillos

4. Las zanahorias son naranjas

5. El mar es azul

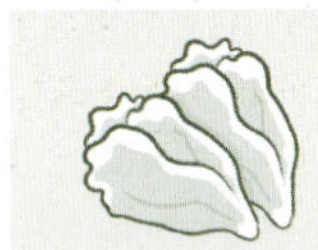

6. Las lechugas son verdes

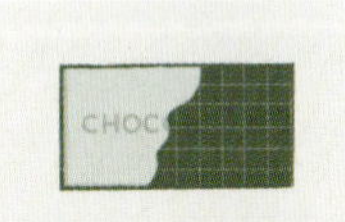

7. El chocolate es marron

8. La sangre es roja

9. Los cerdos son rosas

10. Los elefantes son grises

13. Escribe estas cifras en letras.

456 €: *cuatrocientos cincuenta y seis euros*

267 €: dos cientos, sesenta y siete euros

876 £: ocho cientos, setenta y seis libras

745 $: siete cientos, cuarenta y cinco dolares

578 €: cinco cientos, setenta y ocho

934 £: nueve cientos, treinta y cuatro libras

888 €: ocho cientos, ochenta y ocho euros

134 £: ciento treinta y cuatro libras

193 $: ciento noventa y tres dolares

934 £: nueve cientos, treinta y cuatro libras

14. Escribe en letras las siguientes cifras.

El precio de una noche de hotel de tres estrellas en tu ciudad: ochenta y cinco euros

Tu año de nacimiento: un mil nueve cientos, cincuenta y cuatro

El año de nacimiento de tu madre: un mil nueve cientos treinta y nueve

El precio de un ordenador portátil nuevo: tres cientos noventa y nueve euros

El precio de tu prenda de ropa favorita: veinte y dos

El precio de una compra en el supermercado para toda la semana: cuarenta y dos euros y veinte y cuatro cents

15. Completa estas frases con las terminaciones que faltan.

1. • No sé qué pantalones llevar a la playa. ¿Cuáles prefieres tú? ¿Estos o estos?
◦ Los azules, ¿no?
• Sí, son más cómodos...

2. • Te quiero regalar una fotografía de Tony como recuerdo. Mira, tengo dos: ¿cuál prefieres: esta o esta?
• Uf, no sé.

3. • ¿Qué es esto?
◦ Son unas gafas de sol.

4. • Mira, estas son mis botas preferidas.
◦ ¡Qué bonitas!

5. • ¿Qué gorro prefieres, este o este?
◦ El azul.

Uso la misma ropa. que llevo normalmente

*

16. ¿Qué ropa usas en cada caso? Escríbelo.

PARA IR A TRABAJAR	PARA IR A CLASE	PARA DORMIR	PARA ESTAR EN CASA	PARA SALIR POR LA NOCHE	PARA VIAJAR
un traje, camisa y corbata	camiseta los pantalones vaqueros azules y zapatos deportivos	nada	una sudadera, los pantalones vaqueros azules y zapatillas	camisa y pantalones inteligentes y zapatos brillantes	~~una cha~~ un anorak. pantalones, y botas de caminar

17. Marta pregunta los precios de muchas cosas. ¿Qué frases usa? Escríbelo.

¿Cuánto	cuesta cuestan	este esta estos estas	traje/s de baño? sandalias? paraguas? zapatos? mochila/s? jersey/s? biquini/s?

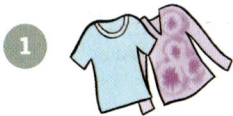

1 ¿Cuánto cuestan estas camisetas?

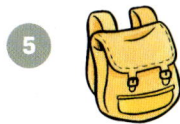

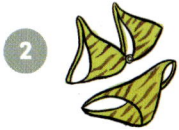

2 este biquini

3 estas sandalias.

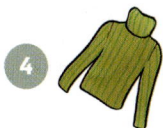

4 este jersey suéter

5 esta mochila.

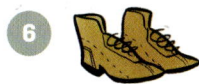

6 cuanto cuestan estos zapatos.

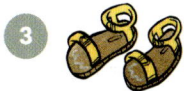

7 Cuanto cuesta. este paraguas

8 

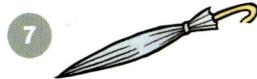

cuanto cuestan estos trajes de baños.

18. Entra en www.elcorteingles.es. Escribe en qué sección puedes hacer cada cosa.

- Comprar una novela librería
- Buscar información sobre un ordenador En el departmento de electronica.
- Comprar comida en supermercado
- Comprar unos vaqueros En el departmento de moda y accesorios.
- Reservar una entrada para ir a un concierto En el departmento vent entradas

19. Entra en www.zara.es y elige tres prendas de ropa para salir este fin de semana. Descríbelas y calcula cuánto dinero cuestan.

1. un blazer negro €39.95
2. Camisa de rayas azul y blanca €29.95
3. pantalones vaqueros €29.95

En total cuestan € 99.85

20. Completa estos diálogos con las palabras o expresiones que faltan.

1. • Buenos días. ¿ vendes bolígrafos?
   ○ ¿Bolígrafos? No, no tenemos.
2. • Buenos días, ~~tienes~~ te gustaría ~~algunos~~ comprar unos pantalones.
   ○ ¿ Si, que colores tiene ?
   • Negros o azules.

3. • Perdone, ¿cuánto ...Cuestan... estos zapatos?
   ○ 74 euros.
4. • Esta falda roja, ¿cuánto ...cuesta...?
   ○ 50 euros.
   • ¿Y esta verde?
   ○ 40 euros.
   • Pues ...prefiero... la verde.

21. Separa y ordena las intervenciones de dos conversaciones que tienen lugar en tiendas diferentes.

- ¿Tienen gafas de sol?
- 62 euros; no son caras.
- 30 euros; muy barato.
- ¿Tienen paraguas?
- ¿Cuánto cuesta este azul?
- ¿Cuánto cuestan estas negras?
- Sí, tenemos todos estos.
- A ver... Sí, perfecto, me quedo estas.
- A ver... Sí, perfecto, me quedo este.
- Sí, tenemos todas estas.

conversación 1

- ¿Tienen gafas de sol?
Sí tenemos todas estas
Cuanto cuestan estas negras
62 Euros no son caras
A ver, Sí, perfecto, me quedo estas

conversación 2

Tienen paraguas
Sí tenemos todos estos
Cuanto cuesta este azul.
30 Euros, muy barato
A ver.. Sí perfecto, me quedo este

SONIDOS Y LETRAS

76

22. Escucha estas palabras y clasifícalas según el sonido de la **r**.

rojo / largo / marrón / corto / compra / rosa / gorro / ir / precio / llevar / regalo / barato / caro / verde / ropa / amarillo

La r vibra una vez [r]	**La r vibra más veces [R]**
largo	rojo

23. Completa ahora el cuadro.

	vibra una vez	vibra más veces
La **r** a principio de palabra		
la doble **r**		
la **r** entre dos vocales		
la **r** al final de una sílaba		

LÉXICO

24. Relaciona los elementos de las dos columnas para formar el nombre de varios objetos.

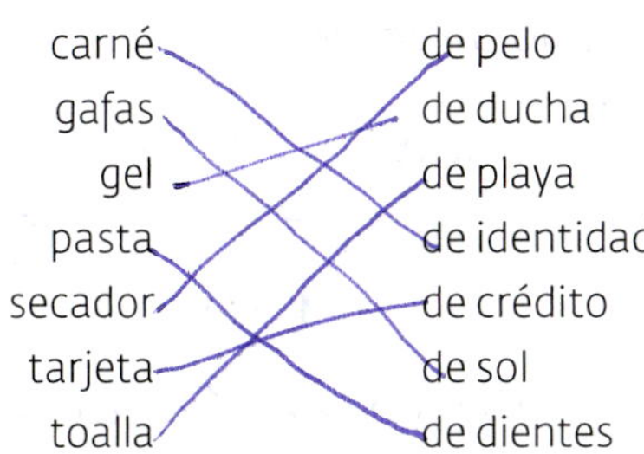

25. ¿A qué objetos de la actividad 3 (página 49) se refieren estas definiciones?

1. Necesitamos este objeto para sacar dinero del banco. una tarjeta de credito
2. Es una prenda de ropa que usan las mujeres para ir a la playa o a la piscina. Tiene dos piezas. un biquini
3. Llevamos esto en los pies en verano, cuando hace calor. unas sandalias.
4. Protegen los ojos del sol. unas gafas de sol

26. Elige otras dos palabras de la actividad 3 (página 49) y defínelas.

1. Un par de gafas de sol rojas
2. Un cepillo de dientes de azules.

27. Mira en tu armario y anota información sobre tus tres prendas de ropa preferidas.

	NOMBRE DE LA PRENDA	DESCRIPCIÓN
1.	Unas botas	Cuero marrones con cordones y cremallera
2.	Una camisita	Blanco con una foto de una autocaravana
3.	Chaqueta con capucha	Marron con letras rojas.

28. Forma el mayor número posible de combinaciones.

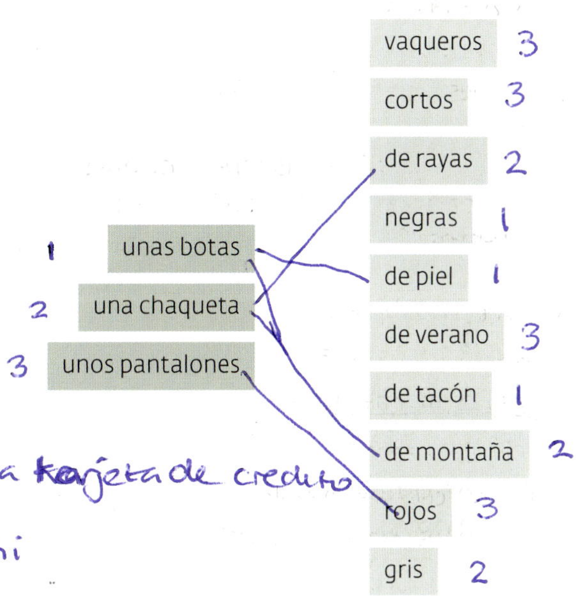

29. Mi vocabulario. Anota las palabras de la unidad que quieres recordar.

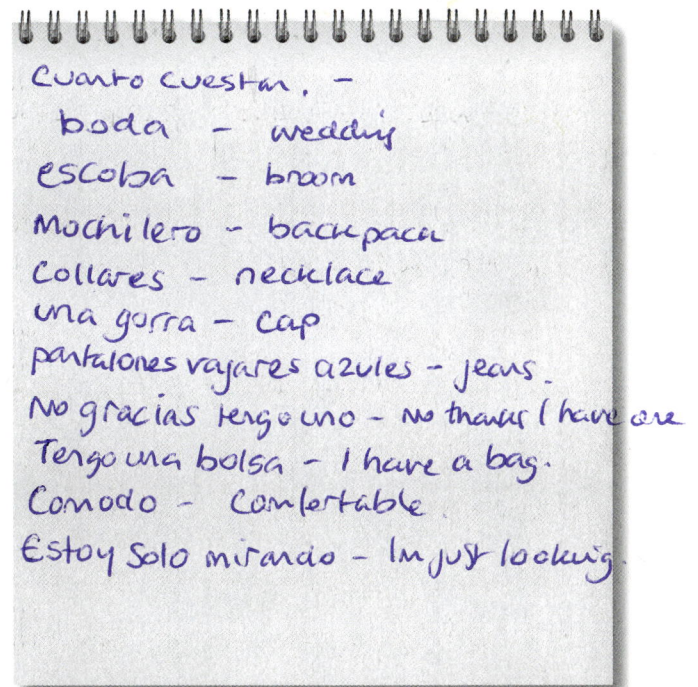

Cuanto cuestan. -
boda - wedding
escoba - broom
Mochilero - backpacker
Collares - necklace
una gorra - cap
pantalones vaqueros azules - jeans.
No gracias tengo uno - no thanks I have one
Tengo una bolsa - I have a bag.
Comodo - Comfortable
Estoy solo mirando - Im just looking

TUS AMIGOS SON MIS AMIGOS

1. Mira las fotografías de Marcelo. Completa sus comentarios usando posesivos.

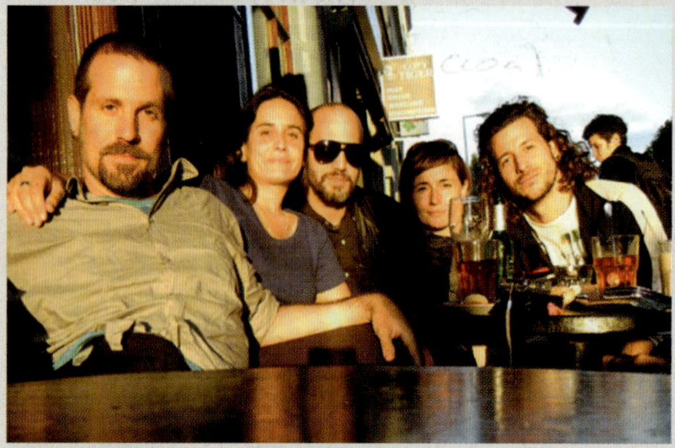

Con mis compañeros de clase en Dublín.

Con mi hermana Laura en el Pirineo.

Con mi amigo Carlos y su novia.

2. Completa las siguientes fichas con la información sobre dos cantantes o músicos de tu país.

Lugar de nacimiento: USA - Texas (Estados Unidos de América)
Año de nacimiento: 1981
Nombre: Beyonce Gisele
Apellido: Knowles
Nombre de su madre: Tina Knowles
Hermanos: 0
Profesión: Cantante
Título de su primer disco: Peligrosamente enamorado
Aficiones: Cantando y bailando
Aspecto físico: Muy bonito
Carácter: mujer fuerte

Lugar de nacimiento: London
Año de nacimiento: 1947
Nombre: David Robert
Apellido: Bowie
Nombre de su madre: Margaret Mary Jones
Hermanos: Terry (Hermanastro)
Profesión: Cantante y compositor de canciones
Título de su primer disco: Hunky Dory
Aficiones: (Sus) Cantando y actuar
Aspecto físico: Alto, delgado tiene ojos de diferente color
Carácter: Enigmatico y creativo

77

3. Escucha y completa la ficha de Carlota. ¿Con qué chica de la actividad 3 (página 61) puede hacer un intercambio?

Nombre: Carlota
Edad:
Nacionalidad:
Profesión:
Lengua materna:
Lenguas que quiere practicar:
Aspecto físico:
Carácter:
Aficiones:

Puede hacer un intercambio lingüístico con Carlota porque .... También puede hacer un intercambio con .... porque ....

4. Lee los textos de la actividad 3 (página 61) y escribe un texto parecido con tu descripción.

5. ¿A qué se refieren estas personas? Fíjate en si usan **gusta** o **gustan**.

1. No me gustan mucho.
   - ✓ las fiestas
   - el flamenco
2. Me gusta mucho.
   - las películas de acción
   - ✓ el cine
3. Me encantan.
   - pasear con mi perro
   - ✓ los perros
4. No me gusta nada.
   - ✓ bailar
   - las discotecas
5. Sí, sí que me gusta.
   - ✓ la música electrónica
   - las canciones de Shakira.
6. Me gusta, me gusta.
   - ✓ esta escuela
   - las clases de español

6. Clasifica las siguientes cosas según tus gustos.

aprender lenguas extranjeras · el color rojo · comprar ropa por internet · viajar · conocer gente por internet · escribir · ir de excursión · las series de televisión · los restaurantes japoneses · oír la radio · las películas románticas · hacer la compra · los periódicos de deporte

Me encanta	escribir / viajar
Me encantan	los periodicos de deporte
Me gusta	ir de excursion
Me gustan mucho	oir la radio / les series de televisión
Me gusta bastante	el color rojo
Me gustan bastante	aprender lenguas extranjeras
No me gusta	el restaurante japonese / las peliculas romanticas
No me gustan	~~los restaurante japonese~~
No me gusta nada	hacer la compra
No me gustan nada	las peliculas romanticas

MÁS EJERCICIOS

7. Lee esta descripción de Amelia. Compara sus gustos con los tuyos. ¿Coincidís?

1. Le gusta ir a la playa en invierno.

   A mí...

2. Le gusta tener siempre flores en casa.

3. Le encanta escuchar música clásica.

4. Le encanta estar descalza en casa.

5. Le gusta hablar con los animales.

6. Le gusta usar colonia de hombre.

7. Le gusta ver la televisión sin volumen.

8. Continúa estos diálogos.

1. A Hugo le gusta mucho la música brasileña.

   - ☺ Juan *A mí también.*
   - ☹ Luisa
   - ☹ Mercedes

2. A Susana le encanta hacer deporte.

   - ☹ Juan
   - ☺ Luisa
   - ☺ Mercedes

3. A mis padres no les gusta nada la televisión.

   - ☹ Juan
   - ☺ Luisa
   - ☺ Mercedes

4. A mí no me interesa mucho la política.

   - ☺ Juan
   - ☹ Luisa
   - ☹ Mercedes

9. ¿Eres una persona con los gustos "típicos" de tu país? Escribe cinco frases hablando de diferentes temas: deporte, ocio, televisión, comidas, bebidas, vacaciones...

A los ingleses, en general, les interesa mucho el fútbol, pero a mí no me gusta nada.

1.
2.
3.
4.
5.

10. Elige a cinco personas de esta lista y escribe una frase sobre cada una de ellas.

le gusta...	tiene...	se llama...	vive...	es...

- (A) Mi padre
- (A) Mi madre
- (A) Mi hermano/a
- (A) Mi abuelo/a
- (A) Mi novio/-a
- (A) Mi mejor amigo/-a
- (A) Mi jefe/-a
- (A) Mi compañero/-a de piso

1.
2.
3.
4.
5.

11. Completa las siguientes frases con los posesivos adecuados: **mi / mis / tu / tus / su / sus**.

1 • Mira, te presento a .... hermana, Pilar. Está aquí de vacaciones unos días.
○ Hola, ¿qué tal?

2 • ¿Cuándo es .... cumpleaños?
○ El 3 de mayo.
• ¡Anda! ¡Eres tauro, como yo!

3 • ¿Qué vas a hacer este año por Navidad?
○ Pues nada especial: descansar y pasar más tiempo con .... padres.

4 • ¿Antonio no viene a esquiar?
○ No, es que .... novia está enferma y prefiere quedarse con ella.

5 • ¿Cuáles son .... dos grupos favoritos de música?
○ Pues... Coldplay y Maroon 5. ¿Y los tuyos?

6 • ¿Qué tal con Ana? ¿Ya vivís juntos?
○ Bueno... Yo quiero irme a vivir con ella, pero ella prefiere vivir con .... amigas unos meses más.

SONIDOS Y LETRAS

12. Escucha estas frases. Marca con signos de interrogación (¿ ?) las que son preguntas. 78

1. .... Blanca es el nombre de su madre ....
2. .... El fútbol es su deporte favorito ....
3. .... Lourdes vive en Los Ángeles ....
4. .... A los dos les gusta la música clásica ....
5. .... Van mucho a la ópera ....
6. .... A ti te encanta el jazz latino ....
7. .... Su hermana se llama Natalia ....
8. .... Tiene cuatro hermanos ....

13. Una manera indirecta de preguntar es pedir confirmación. Escucha estos ejemplos y complétalos. 79

1. Blanca es el nombre de su madre ....
2. El fútbol es su deporte favorito ....
3. Lourdes vive en Los Ángeles ....
4. A los dos les gusta mucho la música clásica ....
5. Van mucho a la ópera ....
6. A ti te encanta el jazz latino ....

MÁS EJERCICIOS

LÉXICO

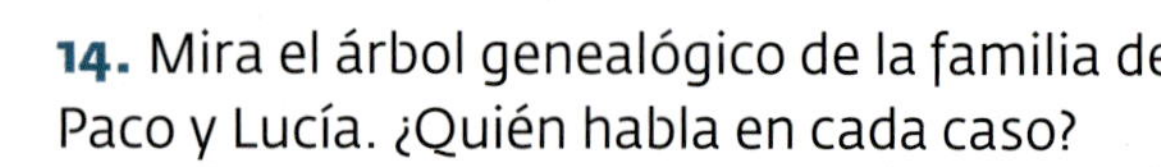

14. Mira el árbol genealógico de la familia de Paco y Lucía. ¿Quién habla en cada caso?

1. No tengo hermanos, pero tengo un primo de mi edad. Se llama Daniel y es el hijo de mi tía Marta, la hermana de mi padre.

Soy ....

2. Tengo 38 años, estoy casada y tengo una hija.

Soy ....

3. Mi sobrina es Carla, la hija de mi cuñado Abel y de Luisa, su mujer.

Soy ....

4. Me gusta pasar mucho tiempo con mi nieto Daniel. Mi mujer dice que lo mimo demasiado.

Soy ....

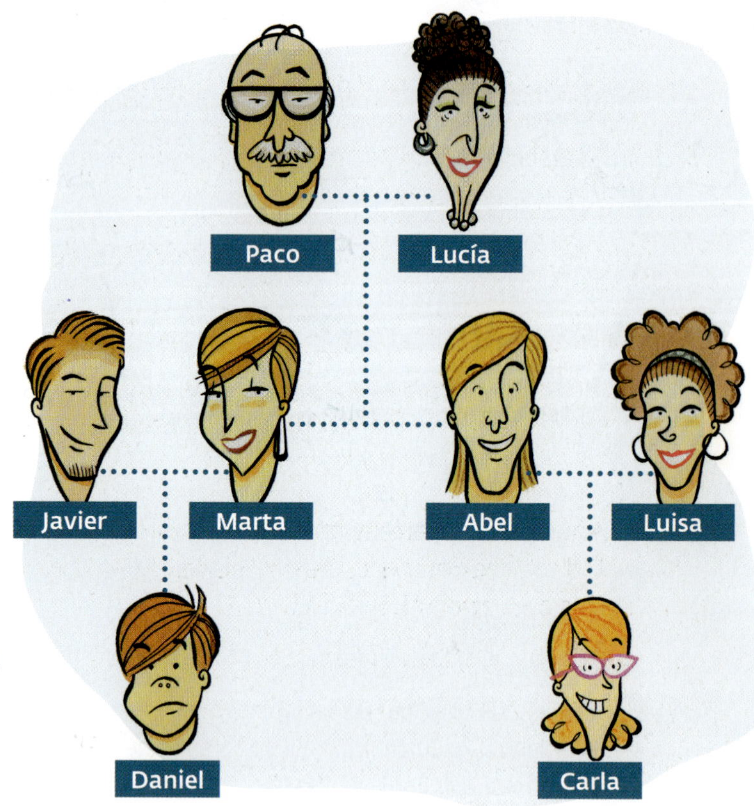

15. Ahora completa las preguntas con la palabra y el artículo correspondiente.

- ¿Cómo se llama .... de Daniel?
  - Carla.
- ¿Cómo se llama .... de Marta?
  - Javier.
- ¿Cómo se llama .... de Carla?
  - Paco.
- ¿Cómo se llama .... de Daniel?
  - Luisa.
- ¿Cómo se llama .... de Abel?
  - Luisa.
- ¿Cómo se llama .... de Paco?
  - Daniel.

16. Completa las frases.

1. El hijo de mi tío es mi ....

2. La madre de mi padre es mi ....

3. El hijo de tus padres es tu ....

4. Los padres de nuestra madre son nuestros ....

5. El marido de su tía es su ....

6. Las hijas de mi hermano son mis ....

7. La hija y el hijo de mis padres son mis ....

8. La hermana de mi madre es mi ....

17. Relaciona los siguientes adjetivos de carácter con su descripción.

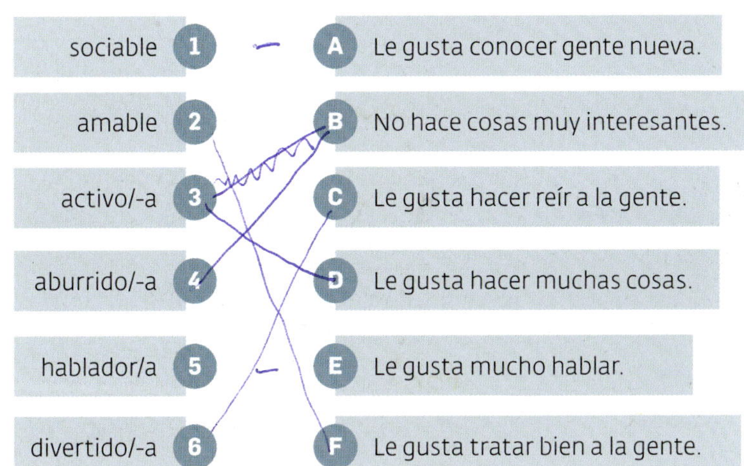

sociable 1
amable 2
activo/-a 3
aburrido/-a 4
hablador/a 5
divertido/-a 6
A Le gusta conocer gente nueva.
B No hace cosas muy interesantes.
C Le gusta hacer reír a la gente.
D Le gusta hacer muchas cosas.
E Le gusta mucho hablar.
F Le gusta tratar bien a la gente.

1 - A
2 - F
3 D
4 - B
5 - E
6 - C

18. Añade dos adjetivos más a la lista de la actividad anterior y escribe una definición. Puedes buscar en el diccionario.

Leal – Mostrar apoyo constante a una persona o institución

Chistoso – Le gusta hacer reír a la gente.

19. ¿Qué aspectos del carácter valoras más en una persona? ¿Cuáles te gustan menos? Escríbelos en la tabla.

ADJETIVOS POSITIVOS	ADJETIVOS NEGATIVOS
Honesto	Engañoso
Positivo	Corrupto
Alentador	Sarcastico
Concienzudo	Critico
Chistoso	Negativo
Confiable	Desalentador
perspicaz	Reservado
Sabío	Duplicito
	Gritos (gritona)
	Agradable

20. Mi vocabulario. Anota las palabras de la unidad que quieres recordar.

El nieto/a - grandson - grand daughter
Mi encanta futbol - I love football.
Mi - Mis
tu - tus
Su - Sus.
tampoco - neither
mujer fuerte - Strong woman
Estoy casada - I am married.
Viajar - TO Travel
Cantante - Singer
Intercambio - Exchange
aburrido - bored.
conocer - to know.
tratar - to try.
palabras - words.
cosas - things
ocios - leisure
Temas - themes

DÍA A DÍA

1. ¿Qué haces normalmente...

1 los sábados por la mañana?

Normalmente los sabados por la manana voy a la playa

2 los domingos a mediodía?

Normalmente los domingos a medio dia voy a la iglesia y me reuno con mis amigos

3 los viernes por la noche?

Normalmente los viernes por la noche trabajo para caritas

4 los lunes por la mañana?

Normalmente los lunes por la manana voy a la classe de español

5 los jueves por la noche?

Normalmente los jueves por la noche voy a bar restaurante y me reuno con mis amigos.

6 los martes por la tarde?

Normalmente los martes por la tarde voy de tiendas con mi esposa. A veces voy a correr. y voy de compras

2. ¿A cuál de estos dos tests corresponden estas preguntas? Colócalas en la columna correspondiente de la tabla.

a. ¿Pagas a menudo con tarjeta de crédito cuando vas de compras?
b. ¿Con qué frecuencia te conectas a internet?
c. ¿Anotas todos tus gastos?
d. ¿Lees varias páginas de internet simultáneamente?
e. ¿Lees las páginas en la pantalla o las imprimes?
f. ¿Planificas cuánto dinero tienes que gastar cada mes?
g. ¿Decides cuántas veces al mes vas a cenar fuera o vas al cine?
h. ¿Haces varias cosas a la vez en internet (chatear, leer, escribir un mail...)?
i. ¿Vas al banco a menudo?
j. ¿Miras programas de televisión en internet?
k. ¿Te gustan los videojuegos?
l. ¿Compras ropa siempre que algo te gusta o solo cuando necesitas ropa?

¿Controlas tus gastos?	¿Eres inmigrante digital o nativo digital?
a	b.

3. Elige uno de los tests de la actividad anterior y contesta las preguntas. Especifica la frecuencia con la que realizas las actividades.

Homework -

4. Elige a un personaje de un cómic que te gusta. Busca una imagen del personaje y escribe una pequeña descripción. Tienes un modelo en la página 73.

Iroman es valiente y fuerte. El lucha contra criminales y malos. El tiene una novia llamada Pepper. También es arrogante y argumentivo y lidera un grupo de super heros llamado Vengadores.

5. ¿Qué contestan estas personas?

a. • Perdone, ¿qué hora es?
◦ (Son las) Es la uno y diez

b. • ¿Tienes hora?
◦ Sí, Son las nueve menos veinte.

c. • ¿Qué hora es?
◦ No sé... Mira, allí hay un reloj. Son las mediodía

d. • ¿Son las nueve?
◦ No, todavía no, Son las ocho y media

6. Escucha el audio de la actividad 5 (página 74) y anota las preguntas que le hacen a Merche.

80

1. ....
2. ....
3. ....
4. ....
5. ....
6. ....

7. Contesta las preguntas 1, 2, 3 y 6 de la actividad anterior hablando de tus horarios.

1. ....
2. ....
3. ....
6. ....

81

8. Escucha a Caro, una chica cubana que vive en La Habana. Marca las opciones correctas.

TRABAJA...
- **a.** de lunes a viernes, por la noche.
- **b.** de lunes a viernes, de las 8 h a las 17 h, y algunos fines de semana.
- **c.** los fines de semana, de las 8 h a las 17 h.

TRABAJA EN...
- **a.** el Nacional, un hotel de La Habana que no está en el centro de la ciudad.
- **b.** el centro de La Habana, en un teatro.
- **c.** el centro de La Habana, en el Nacional, un hotel.

CARO TAMBIÉN ES...
- **a.** actriz
- **b.** bailarina
- **c.** camarera

ENSAYA...
- **a.** de 20 a 22 h todas las noches de lunes a viernes.
- **b.** de 20 a 24 h todas las noches de la semana.
- **c.** de 20 a 22 h los lunes y los viernes.

EN SU TIEMPO LIBRE...
- **a.** va al cine, a la playa y a bailar.
- **b.** toca en un grupo de música.
- **c.** va a la discoteca con sus amigos.

9. Completa las frases con **de**, **del**, **por**, **a** o **al**.

1. Tengo que ir al dentista .... las siete.
2. Normalmente salgo con mis amigos .... la noche.
3. Mi avión sale .... las seis .... la tarde.
4. ¿Vas a casa .... mediodía?
5. .... la mañana no trabajo.
6. Muchas veces, los fines de semana vuelvo a casa .... las seis .... la mañana.
7. Normalmente como .... las dos .... mediodía.
8. Las clases empiezan .... las diez.
9. Siempre ceno .... las nueve.
10. Óscar viene hoy a casa ...... las diez ...... la noche.

10. Esta es la rutina de Santi. Escribe lo que hace y a qué hora.

08:00

....

08:10

....

08:20

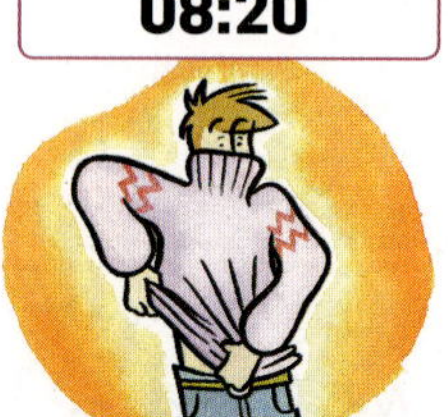

....

08:25

....

09:30

....

14:00

....

22:00

....

00:40

....

11. ¿Qué cosas crees que hacen estas mujeres los fines de semana? Escríbelo.

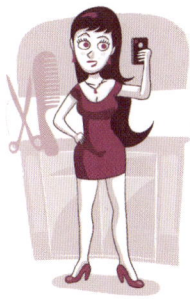

1 **Vanesa**
Es muy presumida.

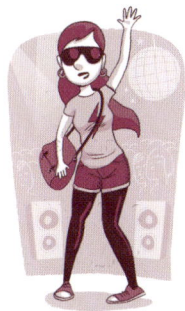

....

....

....

2 **Carmen**
Es muy juerguista.

....

....

....

3 **Montse**
Lleva una vida muy sana.

....

....

....

12. Compara las siguientes costumbres de la familia Marciánez con las tuyas / las de tu familia.

Los Marciánez...

1. Se levantan a las seis de la mañana.
2. Desayunan hacia las 11 h de la mañana.
3. Los lunes no trabajan.
4. Nunca toman café.
5. Duermen siempre siete horas.
6. En casa hablan un dialecto y, fuera, la lengua oficial del país.
7. Solo trabajan por la mañana.

Yo / mi familia en general...

1. ....
2. ....
3. ....
4. ....
5. ....
6. ....
7. ....

13. Piensa en tus hábitos y clasifícalos.

BUENOS HÁBITOS (cosas que hago y que son buenas para mí)

MALOS HÁBITOS (cosas que hago pero que no son buenas para mí)

14. Imagina que puedes tener tu "agenda ideal". Escribe qué cosas haces y con qué frecuencia.

Por la mañana...
Por la tarde...
Por la noche...

MÁS EJERCICIOS

15. Completa el cuadro.

	LEVANTARSE	DESPERTARSE	VESTIRSE
(yo)	me levanto	....	me visto
(tú)	te levantas	te despiertas	....
(él/ella/usted)	....	....	se viste
(nosotros/nosotras)	....	nos despertamos	....
(vosotros/vosotras)	os levantáis	....	os vestís
(ellos/ellas/ustedes)	....	se despiertan	....

16. Observa cómo se conjuga el verbo **dormir**. ¿Puedes conjugar ahora los verbos **volver** y **acostarse**?

	DORMIR	VOLVER	ACOSTARSE
(yo)	duermo	....	....
(tú)	duermes	....	....
(él/ella/usted)	duerme	....	....
(nosotros/nosotras)	dormimos	....	....
(vosotros/vosotras)	dormís	....	....
(ellos/ellas/ustedes)	duermen	....	....

17. ¿Cuál es el infinitivo de estos verbos?

tengo	....	empieza	....
quiero	....	prefieren	....
vuelve	....	vas	....
pido	....	salgo	....
pongo	....	hago	....

18. Completa los cuadros con las formas que faltan.

VERBOS IRREGULARES			
o - ue	**e - ie**	**e - i**	**1ª persona**
poder	**preferir**	**vestirse**	**poner**
p**ue**do	pref**ie**ro	me v**i**sto	....
....	....	....	pones
....	....	....	....
....	preferimos	....	....
....	....	os vestís	....
....	....	....	....

19. Escribe en tu cuaderno otros verbos que conoces con las irregularidades de la tabla de la actividad anterior.

20. Imagina que buscas piso para compartir. Encuentras un anuncio, envías un mail y recibes un mensaje de una persona interesada. ¿Puedes contestarle?

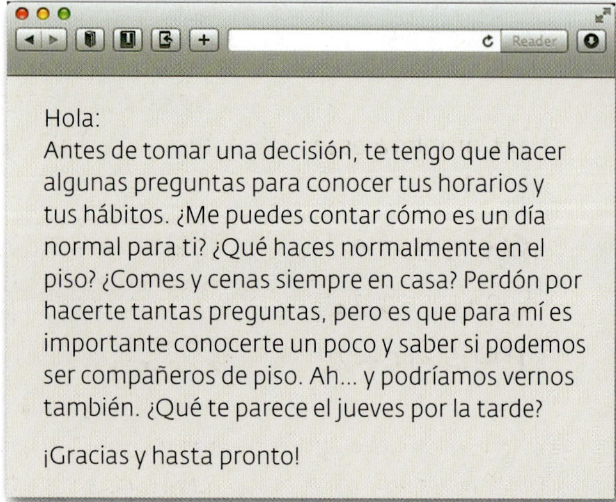

Hola:
Antes de tomar una decisión, te tengo que hacer algunas preguntas para conocer tus horarios y tus hábitos. ¿Me puedes contar cómo es un día normal para ti? ¿Qué haces normalmente en el piso? ¿Comes y cenas siempre en casa? Perdón por hacerte tantas preguntas, pero es que para mí es importante conocerte un poco y saber si podemos ser compañeros de piso. Ah... y podríamos vernos también. ¿Qué te parece el jueves por la tarde?

¡Gracias y hasta pronto!

SONIDOS Y LETRAS

82

21. Algunas palabras llevan tilde para diferenciarse de otras que se escriben igual. Lee estos diálogos y escúchalos. A continuación busca en la unidad frases en las que aparecen las palabras en negrita.

1. **a.** ¿**Te** gusta el café?
   b. Sí, pero normalmente tomo **té**.

2. **a.** **Mi** novio sale a correr todos los días por la mañana. ¡Y se levanta a las seis de la mañana!
   b. ¿Ah sí? A **mí** no me gusta nada levantarme temprano. Y correr tampoco...

3. **a.** En **tu** casa no celebráis el día de Reyes, ¿verdad?
   b. No. ¿**Tú** sí?

4. **a.** **El** novio de Laura no hace nada, ¿no?
   b. Bueno, **él** dice que trabaja por las noches, pero no me lo creo.

5. **a.** ¿**Qué** haces los sábados por la tarde?
   b. Normalmente voy al cine, pero este sábado tengo **que** ir a casa de mi padre.

6. **a.** ¿**Cómo** es el hermano de Celia?
   b. ¿Fermín? Pues es **como** Celia: divertido, muy deportista, guapo...

LÉXICO

22. Relaciona. Hay varias posibilidades.

planchar o	o las camisas
ponerse o	o la ropa interior
afeitarse o	o crema
maquillarse o	o la barba
mirarse o	o perfume
vestirse o	o los ojos
	o con ropa de muchos colores
	o en el espejo

23. Completa estas frases con los adjetivos adecuados.

dormilón / dormilona · sano/-a · vago/-a · juerguista · trabajador/a · comilón / comilona · deportista

a. A Leo le encanta salir de noche. Es un ....
b. Diego es muy .... Está todo el día en la oficina y cuando vuelve a casa todavía trabaja más.
c. A Sara le encanta la comida. Y come mucho, es una ....
d. Estela es muy .... : no fuma, no bebe y hace deporte.
e. Es muy .... , practica varios deportes: juega al fútbol, hace natación, monta en bici...
f. Mi hijo duerme muchas horas, es un ....
g. No le gusta mucho trabajar. Es un poco ....

24. Mi vocabulario. Anota las palabras de la unidad que quieres recordar.

¡A COMER!

1. Relaciona cada imagen con el texto correspondiente.

○ Mayonesa
Es una salsa que se usa en muchos platos en todo el mundo. Lleva huevos, aceite, vinagre o limón y sal.

○ Fabada
Es un plato típico de Asturias. Lleva unas judías blancas grandes, que en Asturias se llaman "fabes", y embutidos.

○ Tortilla española
Es uno de los platos españoles más conocidos. Muchas veces se come como tapa. Lleva huevos, patatas y, a veces, cebolla.

○ Crema catalana
Es un postre típico de Cataluña. Lleva huevos, leche y azúcar.

2. Completa con las preposiciones **a**, **con** y **de**.

1. ¿Tomás el té .... leche o .... limón?
2. No me gustan las sardinas .... la plancha.
3. ¿Tenéis tortilla .... patatas?
4. ¿Me puedes poner una botella de agua .... gas?
5. De postre quiero helado .... chocolate.
6. ¿La carne va .... arroz?

3. Imagina que tienes que elegir, entre los platos de este menú, lo que van a comer dos personas que conoces bien. Escríbelo y justifica tus opciones.

MENÚ

■ Primeros

Arroz tres delicias
Ensalada con queso roquefort y nueces
Ensalada mixta
Sopa de verduras
Paella
Gazpacho
Verduras a la plancha

■ Segundos

Pollo asado con patatas
Pollo al ajillo
Hamburguesa del chef
Merluza a la plancha
Huevos fritos con patatas fritas y jamón

■ Postres

Flan
Helado
Fruta del tiempo
Yogur griego con miel
Tiramisú

Menú para ....
....
....
....
....
....

Menú para ....
....
....
....
....
....

4. ¿Quién habla: el camarero o el cliente?

a. ¿Te traigo un vaso de agua con el café?
- camarero
- cliente

b. ¿Me puede traer un vaso de agua con el café?
- camarero
- cliente

c. ¿Me traes la cuenta, por favor?
- camarero
- cliente

d. ¿Le traigo la cuenta o quiere otro café?
- camarero
- cliente

e. ¿Me pone una cerveza?
- camarero
- cliente

f. ¿Te pongo algo más?
- camarero
- cliente

5. Completa el diálogo con las siguientes palabras y expresiones.

¿Y de segundo? | sin gas | La cuenta, por favor | de primero | lleva | con patatas | Una cerveza | alguna cosa | para beber | un poco de | macedonia

- • Hola, buenos días.
- ○ Buenos días.
- • ¿Ya lo saben?
- ○ Sí, mire, yo, ... quiero gazpacho.
- ■ ¿Qué .... la ensalada griega?
- • Tomate, queso, aceitunas negras y .... orégano.
- ■ Pues, para mí, una ensalada griega.
- • Gazpacho y ensalada. Muy bien. ....
- ■ Para mí, bistec ....
- ○ Yo, merluza a la romana.
- • Y, ¿qué les pongo ....?
- ○ .... para mí.
- ■ Yo quiero agua .... fría.
- • Muy bien.

(...)
- • ¿Desean .... de postre?
- ○ ¿Qué hay?
- • Hoy tenemos ...., yogur y flan.
- ○ Yo quiero un yogur.
- ■ Yo, flan.

(...)
- ○ ....
- • Ahora mismo.

6. Estas son las respuestas de algunos clientes y camareros en un restaurante. ¿Cuáles pueden ser las preguntas en la forma **tú**? ¿Y en **usted**?

1. tú: ....
   usted: ....
   ○ Helado de vainilla o macedonia de frutas.
2. tú: ....
   usted: ....
   ○ Sí, ahora mismo. ¿Blanco o tinto?
3. tú: ....
   usted: ....
   ○ Una cerveza, por favor.
4. tú: ....
   usted: ....
   ○ Lechuga, tomate, cebolla, atún y huevo cocido.
5. tú: ....
   usted: ....
   ○ Son 11 euros.
6. tú: ....
   usted: ....
   ○ No, lo siento, pero tenemos ensalada y crema de champiñones.

7. Escribe la primera persona del singular del presente de estos verbos.

tener	(yo)	....
venir	(yo)	....
traer	(yo)	....
poner	(yo)	....
salir	(yo)	....
hacer	(yo)	....

8. Ahora completa las siguientes frases con cada una de las formas verbales de la actividad anterior.

1.

- ¡Qué buen día! Si quieres, ... unos bocadillos y nos vamos a comer al parque.

2.

- ¡Hola, Sara! Oye... ¿Y Juan, no viene?
- ○ No, ... sola, Juan está de viaje.

3.

- ¿.............. los refrescos en la nevera?
- ○ No, es que me gustan más del tiempo.

4.

- Son las 11, ¿salimos a tomar un café, Mariano?
- ○ Yo hoy no ...., ¡no .... tiempo para nada!
- Bueno, ¿te .... un café?
- ○ Sí, gracias. Con leche, por favor.

9. ¿A qué se refieren?

1. Lo compro en el mercado.
a. la carne
b. las verduras
c. el pescado

2. ¿Los pones en la nevera?
a. la leche
b. los plátanos
c. las patatas

3. ¿La tomas caliente?
a. la cerveza
b. el zumo de limón
c. los refrescos

4. Las preparo siempre al vapor.
a. el pescado
b. los huevos
c. las verduras

83 **10.** Eric habla de su dieta. Escúchalo y luego escribe las respuestas a estas preguntas usando los pronombres **lo**, **la**, **los**, **las**.

a. ¿Dónde compra el pan?

....

b. ¿Cómo cocina los cereales?

....

c. ¿Toma té o café? ¿Cómo lo toma?

....

d. ¿Cómo cocina normalmente las verduras?

....

e. ¿Dónde compra las algas?

....

11. Entrevista a un amigo o a una persona y anota sus respuestas en esta ficha.

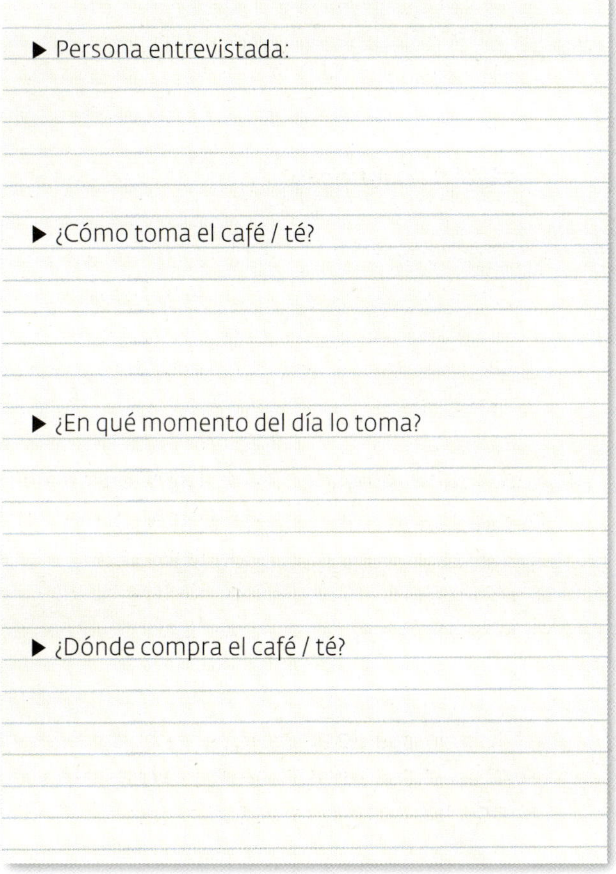
▶ Persona entrevistada:

▶ ¿Cómo toma el café / té?

▶ ¿En qué momento del día lo toma?

▶ ¿Dónde compra el café / té?

12. Estos son algunos de los platos preferidos de Lola. ¿Puedes completarlos con las terminaciones de los adjetivos que faltan?

1. La carne asad ___ de mi abuela.
2. El sushi (pescado crud ___ con arroz).
3. Los huevos frit ___ con jamón.
4. El pescadito frit ___ .
5. Las patatas guisad ___ con chorizo.
6. El pollo asad ___ con patatas frit ___ .
7. Los pimientos rellen ___ .
8. La tarta helad ___ al whisky.

13. Busca en internet información sobre estos platos y completa las fichas.

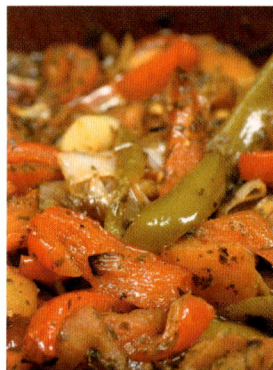

Pisto

Qué es

....

....

Dónde se come

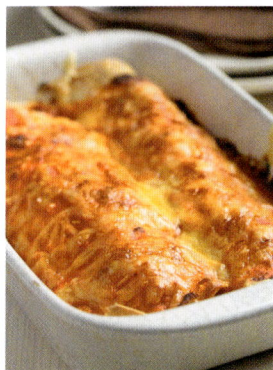

....

....

Enchilada

Qué es

....

....

Dónde se come

....

....

SONIDOS Y LETRAS

14. Escucha y fíjate en el sonido de la **ch** en las siguientes palabras. Luego, repite.

84

- sal**ch**i**ch**a
- **ch**orizo
- **ch**ocolate
- gazpa**ch**o
- le**ch**e
- a la plan**ch**a
- he**ch**o de
- **Ch**ile
- anticu**ch**o

LÉXICO

15. Haz una lista con los alimentos que te gustan más de cada uno de estos tipos.

Verduras	Carnes	Pescados y mariscos

Frutas	Bebidas

16. Escribe lo que comes habitualmente durante un día.

Desayuno ....

....

Comida / almuerzo ....

....

Merienda ....

....

Cena ....

....

17. Combina los elementos para crear platos posibles. Escríbelos en tu cuaderno.

- sopa de
- zumo de
- ensalada de
- bocadillo de
- tarta de
- helado de
- tortilla de
- filete de

- atún
- manzana
- patata
- limón

- queso
- tomate
- pollo
- lomo

zumo de tomate

18. Imagina que vuelves del supermercado y que has comprado todas estas cosas. ¿Dónde las pones: en el armario, en la nevera o en el congelador?

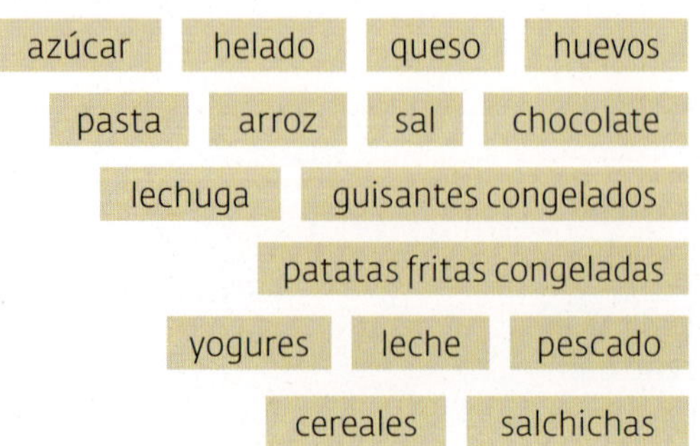

azúcar
helado
queso
huevos
pasta
arroz
sal
chocolate
lechuga
guisantes congelados
patatas fritas congeladas
yogures
leche
pescado
cereales
salchichas

19. Relaciona estas comidas con un adjetivo.

chile con carne	soso
pastel de chocolate	picante
ensalada de lechuga con tomate	dulce
pescado cocido sin sal	ligero
jamón serrano	salado

20. Ahora completa los diálogos con los adjetivos **soso**, **dulce**, **picante** y **salado**, en femenino, masculino, singular o plural según corresponda.

soso dulce picante salado

1
- • ¿Te gusta la comida india?
- ○ Bueno, no sé... ¿No es todo muy ....?

2
- • ¡Cuatro cucharadas de azúcar! ¡Qué exagerada!
- ○ Sí, el café me gusta muy ....

3
- • ¿Quieres patatas? Están un poco ...., pero están buenísimas.
- ○ No, gracias. Tengo prohibido comer cosas con mucha sal.

4
- • ¿Cómo están los macarrones? ¿No están un poco ....?
- ○ No, para mí están perfectos. Me gusta comer con poca sal.

21. Escribe en tu cuaderno el nombre de más alimentos que relacionas con los sabores de la actividad anterior. Puedes buscar en el diccionario.

22. Completa los cuadros con palabras y expresiones de esta unidad.

¡A COMER!

Comidas
Bebidas
Expresiones relacionadas con el restaurante
Platos del mundo hispano

23. Mi vocabulario. Anota las palabras de la unidad que quieres recordar.

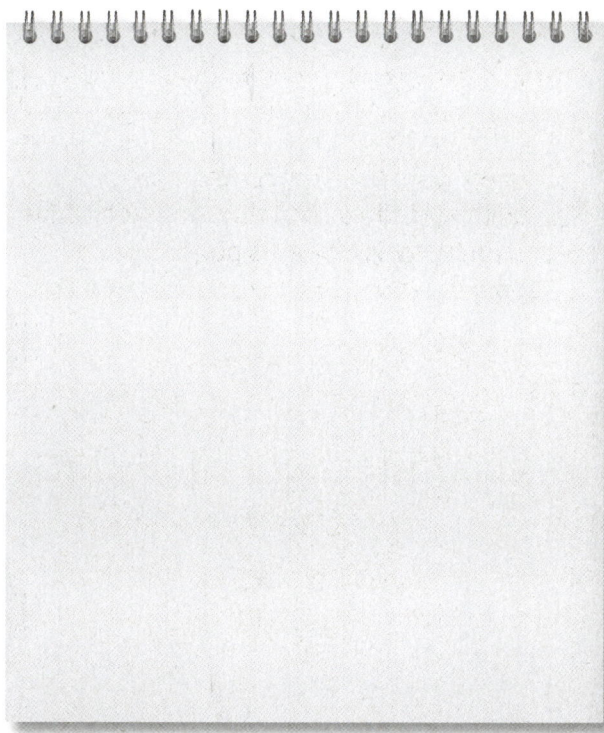

EL BARRIO IDEAL

1. ¿Qué puedes hacer en estos lugares? Relaciona.

una oficina de Correos **1**	**A** comprar sellos
un teléfono público **2**	**B** hacer la compra
un gimnasio **3**	**C** ir a misa
un supermercado **4**	**D** hacer ejercicio
un cajero **5**	**E** enviar un paquete
una biblioteca **6**	**F** sacar dinero
una iglesia **7**	**G** llamar a alguien
un parking **8**	**H** buscar una información
un estanco **9**	**I** aparcar

1	....
2	....
3	....
4	....
5	....
6	....
7	....
8	....
9	....

2. Escribe un pequeño texto describiendo tu ciudad preferida.

3. ¿Conoces algún barrio (de cualquier ciudad) con estas características? Escribe los nombres.

1. Es moderno y antiguo a la vez.

....

2. Es muy caro.

....

3. Tiene mucha vida, tanto de día como de noche.

....

4. Hay mercados populares de artesanía.

....

5. Viven muchos artistas y hay galerías de arte.

....

6. Por la noche está lleno de estudiantes.

....

4. Piensa en tu barrio o en otro que conozcas bien y completa las ideas siguientes.

Mi barrio / El barrio de... es un barrio ideal...

para ....

porque ....

para gente ....

porque ....

si te gusta/n / interesa/n ....

porque ....

5. Escoge la opción correcta en cada caso.

1.

- ¿Sabes si hay (1) .... supermercado por aquí cerca?
- ○ Sí, hay (2) .... en la esquina.

(1)	(2)
a. Ø	a. uno
b. uno	b. ninguna
c. un	c. algún

2.

- Perdona, ¿hay (3) .... farmacia por aquí?
- ○ Pues no, no hay (4) ....

(3)	(4)
a. la	a. una
b. alguno	b. ninguna
c. alguna	c. alguna

3.

- ¡No hay (5) .... cajero automático por aquí!
- ○ Claro que sí. Mira, en esa esquina hay (6) ....

(5)	(6)
a. algún	a. uno
b. ningún	b. un
c. uno	c. algún

4.

- Perdona, ¿sabes si hay (7) .... panadería por aquí cerca?
- ○ Uy, hay (8) ....

(7)	(8)
a. la	a. muchas
b. ninguna	b. ninguna
c. alguna	c. uno

5.

- ¿En este barrio no hay (9) .... droguería?
- ○ Sí, sí, hay (10) .... en la plaza, al lado del supermercado.

(9)	(10)
a. alguna	a. uno
b. ninguna	b. una
c. un	c. Ø

6.

- ¿Sabes si hay (11) .... quiosco por aquí cerca?
- ○ Pues me parece que no hay (12) ....

(11)	(12)
a. Ø	a. alguno
b. ninguno	b. ninguno
c. un	c. ningún

6. Ordena las distancias.

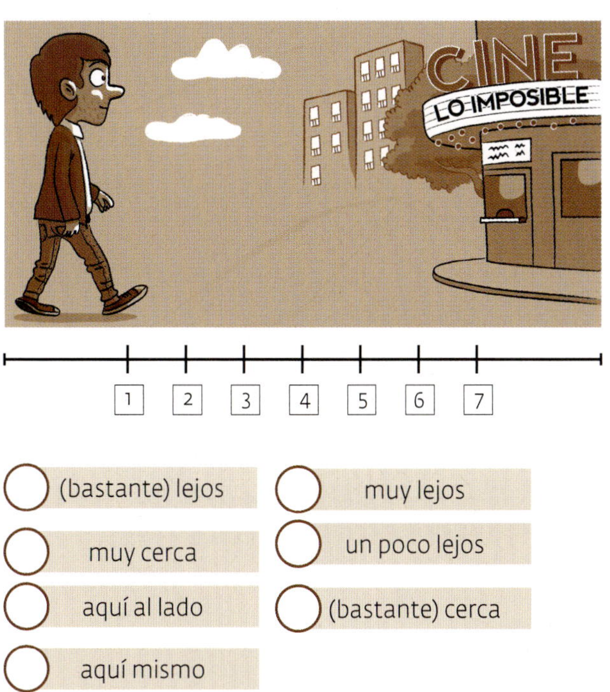

- ◯ (bastante) lejos
- ◯ muy cerca
- ◯ aquí al lado
- ◯ aquí mismo
- ◯ muy lejos
- ◯ un poco lejos
- ◯ (bastante) cerca

MÁS EJERCICIOS

7. Fíjate en el dibujo y completa las frases.

cerca | en | al lado | a la izquierda | a la derecha | lejos

El banco está .... la calle Princesa.

La biblioteca está .... de un parque.

La estación de metro está .... del restaurante.

El bar está .... del restaurante.

El gimnasio está .... del hospital.

La escuela está .... del gimnasio.

8. Escribe una pregunta posible para estas respuestas. Imagina que estás al lado de tu escuela de español.

1. • ....
   ○ Cerca no. Hay uno, pero está un poco lejos.

2. • ....
   ○ Sí, al final, en la esquina.

3. • ....
   ○ No, no mucho. A unos diez minutos a pie.

4. • ....
   ○ Sí, sigues todo recto por esta calle y está al final.

5. • ....
   ○ No, no hay ninguna.

6. • ....
   ○ Un poco, a unos quince minutos en coche.

7. • ....
   ○ Sí, hay una al final de esta calle.

85 **9.** Sitúate mentalmente a la entrada de tu casa. Escucha las preguntas que hacen estas personas. ¿Qué les contestas?

1. ....

....

2. ....

....

3. ....

....

4. ....

....

10. Completa estas conversaciones con la preposición adecuada: **a**, **hasta**, **de(l)**, **en**, **por**.

1.
- Perdone, ¿hay una gasolinera .... aquí cerca?
- ○ Sí, mire, hay una .... 200 metros, al final .... paseo marítimo.

2.
- Esta tarde voy a visitar a mis padres.
- ○ ¿No viven .... un pueblo?
- Sí, pero está solo .... 40 kilómetros. Son 30 minutos .... coche.

3.
- ¿Un estanco, por favor?
- ○ Pues, creo que .... la próxima esquina hay uno.

4.
- Vamos .... taxi, ¿no?
- ○ No, vamos andando, está .... cinco minutos.

5.
- ¿Sabes si hay una oficina de correos cerca .... aquí?
- ○ Sí, hay una .... la plaza del Rey; vas todo recto por esta calle, ... el final, y allí está la plaza.

11. Vuelve a leer las descripciones de barrios de Madrid de la actividad 7 (página 102) y úsalos como modelo para escribir una descripción de tu barrio.

El barrio de Jardins está cerca de la Av. Paulista de São Paulo. Es un barrio céntrico y muy elegante. En la actualidad es...

MÁS EJERCICIOS

12. Rellena esta tabla con expresiones para indicar el lugar donde se encuentra un edificio o una persona.

Está...	
A	**En**
... a la derecha	... en la plaza

SONIDOS Y LETRAS

Los diptongos

Los diptongos son dos vocales que forman una única sílaba. Son la unión de una vocal abierta (**a**, **e**, **o**) y una vocal cerrada (**i**, **u**) o la unión de dos cerradas (**i**, **u**).

abierta + cerrada	**cerrada + cerrada**
oi-go	r**ui**-do
r**ei**-na	c**iu**-dad
qu**ie**-ro	
c**ie**n-c**ia**	

Cuando en una combinación vocal abierta + una vocal cerrada, el acento recae en la vocal cerrada, entonces no forman una única sílaba, sino dos, y no hay diptongo.

r**í**-**o**	Ma-r**í**-**a**
p**a**-ís	Ro-c**í**-**o**

En español la unión de dos vocales abiertas no forma diptongo, sino dos sílabas separadas:

á-r**e**-**a**
me-di-te-rrá-n**e**-**o**

86 **13.** Divide estas palabras en sílabas. Luego, escucha y comprueba.

bailar: bai – lar
aula: ....
museo: ....
restaurante: ....
ruidoso: ....
cuadro: ....
farmacia: ....
policía: ....
comisaría: ....
comisaria: ....
tienda: ....
pueblo: ....
iglesia: ....
escuela: ....
barrio: ....
ciudad: ....
teatro: ....
vivienda: ....

LÉXICO

14. Completa las dos columnas. Puede haber más de una opción en algunos casos.

SUSTANTIVOS	ADJETIVOS
ruido	ruidoso/-a
	tranquilo/-a
cultura	
	aburrido/-a
	céntrico/-a
modernidad	

15. Lee el nombre de las calles del mapa de la actividad 6 (página 100) y escribe la abreviatura correspondiente.

Calle: ....

Paseo: ....

Avenida: ....

Plaza: ....

16. Busca en los textos de la actividad 7 (página 102) adjetivos para describir barrios. ¿Puedes añadir otros?

Me gustan los barrios...

....

....

....

No me gustan (mucho) los barrios...

....

....

....

17. ¿A qué lugares vas...

A PIE:

EN TREN:

EN METRO:

EN BICI:

EN COCHE:

EN AUTOBÚS:

EN AVIÓN:

18. Mi vocabulario. Anota las palabras de la unidad que quieres recordar.

¿SABES CONDUCIR?

1. Lee el horóscopo maya, subraya los adjetivos que aparecen en el texto y clasifícalos según tu opinión.

MURCIÉLAGO (Tzootz)
26 de julio / 22 de agosto

Color: negro **Verbo:** "descubrir" **Estación del año:** el invierno **Número:** el 1

Son luchadores, fuertes y decididos. Les gusta dar órdenes y tomar decisiones. Están muy seguros de sí mismos y, a veces, son autoritarios. Primero actúan y luego piensan. Les gusta trabajar solos. Son excelentes políticos, empresarios, escritores y humoristas.

ALACRÁN (Dzec)
23 de agosto / 19 de septiembre

Color: dorado **Verbo:** "observar" **Estación del año:** el otoño **Número:** el 2

A primera vista, inspiran respeto. Son muy reservados y no manifiestan sus sentimientos. Prefieren pasar inadvertidos. Cuando conocen a alguien, lo analizan con detenimiento. Tienen una memoria de elefante. Son agradecidos y justos, pero también vengativos. Trabajan bien en cualquier oficio. Como son organizados y metódicos, son excelentes en tareas administrativas.

VENADO (Keh)
20 de septiembre / 17 de octubre

Color: naranja y amarillo **Verbo:** "seducir" **Estación del año:** el principio de la primavera **Número:** el 3

Son los más sensibles del zodíaco. Son frágiles y se asustan con facilidad. Cuidan mucho su imagen. Tienen talento para el arte y detestan la rutina. Necesitan cambiar y crear.

LECHUZA (Mona)
18 de octubre / 14 de noviembre

Color: azul intenso **Verbo:** "intuir" **Estación del año:** el otoño **Número:** el 4

Son los brujos del zodíaco maya: pueden leer el pensamiento, anticiparse al futuro y curar dolores del cuerpo y del alma con una caricia o una infusión de hierbas. Al principio son tímidos, pero cuando toman confianza son bastante parlanchines. Les gusta la noche. Destacan en medicina, psicología y, en general, en las ciencias naturales.

PAVO REAL (Kutz)
15 de noviembre / 12 de diciembre

Color: irisado **Verbo:** "yo soy" **Estación del año:** la primavera **Número:** el 5

Tienen alma de estrella de cine. Son extrovertidos, sociables, carismáticos y seductores. Les gusta ser el centro de atención en todo momento. Una de sus armas es el humor. En el trabajo, prefieren puestos de liderazgo: les encanta dar órdenes y tener gente a su cargo. Necesitan destacar. Son excelentes comunicadores.

LAGARTO (Kibray)
13 de diciembre / 9 de enero

Color: el verde **Verbo:** "cambiar" **Estación del año:** el verano **Número:** el 6

Su gran pregunta es "¿Quién soy?". Están en constante cambio, su personalidad es multifacética. Son generosos, sencillos, metódicos y ordenados, pero necesitan mucho tiempo para tomar decisiones. Son personas inteligentes, analíticas, de buena memoria y con capacidad para el estudio. Pueden llegar a ser grandes científicos.

MONO (Batz Kimil)
10 de enero / 6 de febrero

Color: el lila **Verbo:** "divertir" **Estación del año:** el comienzo del verano **Número:** el 7

Son felices si tienen algo que descubrir, si viven nuevas aventuras o sienten nuevas emociones. Su mente es tan inquieta como su cuerpo: no paran de pensar. Hacer reír es su especialidad y siempre encuentran el lado gracioso de las cosas. Tienen fama de inconstantes: en el amor son inestables y cambian muchas veces de trabajo. Odian sentirse esclavos de la rutina.

HALCÓN (Coz)
7 de febrero / 6 de marzo

Color: el violeta **Verbo:** "poder" **Estación del año:** el verano **Número:** el 8

Desde niños, tienen una personalidad definida y un carácter fuerte. De jóvenes, son ambiciosos: buscan su triunfo profesional y no descansan hasta conseguirlo. Tienen una mente despierta y un gran sentido del deber y de la responsabilidad. A partir de los 50 años, su vida cambia: ya no les interesan las cosas mundanas y comienzan su búsqueda espiritual. Son buenos políticos y diplomáticos.

JAGUAR (Balam)
7 de marzo / 3 de abril

Color: el rojo **Verbo:** "desafiar" **Estación del año:** el final del verano **Número:** el 9

Son personas apasionadas y directas. Saben lo que quieren y siempre lo consiguen. Son valientes y altruistas. Son seductores y, de jóvenes, cambian mucho de pareja. No se casan fácilmente. Tienen un espíritu nómada. Necesitan sentir pasión en su vida profesional y, si se aburren, cambian de trabajo.

ZORRO (Fex)
4 de abril / 1 de mayo

Color: el marrón oscuro **Verbo:** "proteger" **Estación del año:** el comienzo del otoño **Número:** el 10

Han nacido para amar. Muchas veces se olvidan de sus propias necesidades y deseos para ayudar a los demás. Sienten el dolor de los demás como propio. Su modo de vida es sencillo, sin grandes ambiciones. Son muy buenos para trabajar en equipo. Tienen muchas cualidades para ser abogados, jardineros o médicos.

SERPIENTE (Kan)
2 de mayo / 29 de mayo

Color: el azul verdoso **Verbo:** "poseer" **Estación del año:** el invierno **Número:** el 11

Aman el lujo, el confort y el refinamiento. Son elegantes por naturaleza y suelen tener un buen nivel económico. Tienen fama de ambiciosos. Aunque son competidores leales, es mejor no interponerse en su camino. Para ellos, lo importante no es la profesión, sino destacar en ella. Por su capacidad de observación tienen talento para las letras.

ARDILLA (Tzub)
30 de mayo / 26 de junio

Color: el verde limón. **Verbo:** "comunicar". **Estación del año:** el final del otoño. **Número:** el 12

Son los más parlanchines del zodíaco. No saben guardar un secreto. Son sociables y excelentes para las relaciones públicas. Son personas activas y pueden hacer varias cosas al mismo tiempo. Cambian muy rápido de opinión. Son excelentes vendedores y triunfan en el mundo del espectáculo.

TORTUGA (Aak)
27 de junio / 25 de julio

Color: el verde esmeralda **Verbo:** "amar" **Estación del año:** el verano **Número:** 13

Son hogareños y pacíficos. Evitan los riesgos y no confían en los resultados fáciles. Disfrutan más las cosas cuando han luchado para conseguirlas. Son conservadores, creen en la buena educación y en la ética, y son nobles por naturaleza. Destacan en las carreras humanísticas y en las que les permiten ayudar a los demás (médicos, enfermeros, profesores, etc.). Su paciencia y perseverancia les asegura el éxito en cualquier profesión.

Cualidades	Defectos

2. ¿Qué signo del zodíaco maya prefieres para estas personas? Escribe por qué.

	SIGNO DEL HORÓSCOPO MAYA	MOTIVOS
tu pareja		
un amigo		
un compañero de trabajo		
tu jefe		
un compañero de piso		

3. Escribe los participios de estos verbos.

escribir ....
gustar ....
hablar ....
tener ....
ser ....
comprar ....
poner ....
hacer ....
encontrar ....
ver ....
escuchar ....
estar ....
ir ....
conocer ....
volver ....
decir ....

4. En la actividad anterior hay seis participios irregulares. ¿Cuáles son?

1. .... **4.** ....
2. .... **5.** ....
3. .... **6.** ....

5. Completa el cuadro con las formas que faltan.

	PRESENTE DE HABER	+ PARTICIPIO
(yo)	he	
(tú)	....	
(él/ella/usted)	ha	estado tenido vivido
(nosotros/nosotras)	....	
(vosotros/vosotras)	....	
(ellos/ellas/ustedes)	....	

6. Escribe cinco frases sobre lo que has hecho esta semana. Usa cinco de los participios de la actividad 3.

1. ....
2. ....
3. ....
4. ....
5. ....

7. Relaciona de la manera más lógica las frases de arriba con las explicaciones de abajo.

1. Es un tenista muy bueno.
2. Conoce muchos países.
3. Tiene mucha experiencia como conductor.
4. Habla ruso perfectamente.
5. Es una escritora conocida.
6. Es un cocinero muy bueno.

a. Ha viajado mucho.
b. Ha trabajado en varios restaurantes importantes.
c. Ha escrito muchas novelas y obras de teatro.
d. Ha ganado muchos premios.
e. Ha sido taxista durante años.
f. Ha vivido en Moscú 10 años.

MÁS EJERCICIOS

8. Continúa estas frases usando el pretérito perfecto.

1. Conoce toda América Latina, ...
2. Es un profesor muy bueno, ...
3. Sabe muchas cosas sobre España, ...
4. Es un actor muy famoso, ...
5. Habla inglés muy bien, ...
6. Es muy buena persona, ...

9. Este es el estudio de Carolina de la Fuente. ¿Qué puedes decir sobre ella?

....

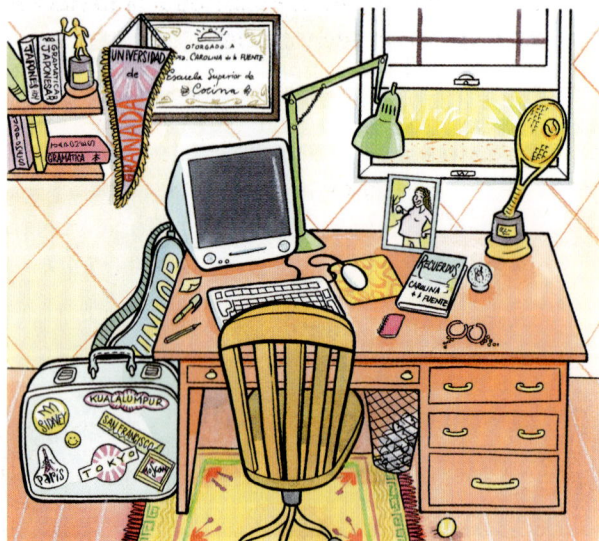

10. ¿Has hecho estas cosas? Escribe frases como en el ejemplo, usando las siguientes expresiones.

muchas veces | varias veces | una vez | nunca | dos veces

casarse: Me he casado una vez

tener un hijo: ....

ir en helicóptero: ....

enamorarse: ....

vivir en el extranjero: ....

viajar por trabajo: ....

hacer una entrevista de trabajo: ....

ganar un premio: ....

ver un OVNI: ....

87 **11.** En una entrevista radiofónica a un cantante, los oyentes han enviado sus propias preguntas. Relaciona las preguntas con las respuestas. Luego, escucha y comprueba.

Preguntas

- **a.** ¿Has dicho muchas mentiras en tu vida?
- **b.** ¿Qué es lo más raro o lo más exótico que has comido en tu vida?
- **c.** ¿Cuál de los países en los que has actuado te ha gustado más?
- **d.** ¿Has pensado alguna vez en cambiar de profesión?
- **e.** ¿Has sacrificado muchas cosas en tu vida por tu profesión?

Respuestas

1. Debo decir que he actuado en Venezuela varias veces y siempre ha sido especial allí... Me encanta Venezuela.
2. No, mentir, no; alguna vez, muy rara vez, he dicho una "verdad a medias"... Pero eso no es malo, ¿no?
3. Sí, claro, he pasado poco tiempo con mi familia.
4. Sí, a veces lo he pensado... Pero, ¿cuál? Me gusta ser cantante.
5. No sé... ¡Ah sí! Un helado de pescado. En Japón.

a.	b.	c.	d.	e.

88 **12.** Escucha la entrevista de trabajo y completa las frases con información sobre el candidato.

Se llama ....
Ha trabajado en Albacete, en .... También ha trabajado cinco años en ....
Habla .... y .... Es una persona .... y .... Sabe .... y ....

13. Completa las frases usando **poder** o **saber**.

1. Yo creo que .... enviar el CV a esta empresa; tienes el perfil que piden para este trabajo.
2. ¿Hoy .... ir a buscar a Andrés a la escuela? Es que yo estoy ocupada.
3. No .... comer esto, es que estoy enferma y solo .... comer arroz.
4. Sandra .... tocar el piano, ha estudiado durante muchos años en el conservatorio.
5. No ...... ir a natación hoy porque tengo mucho trabajo.
6. Tomás .... hacer pan. ¡Y es buenísimo!
7. Noelia .... bailar muy bien, te .... dar clases de salsa.

8. Laura, me han dicho que .... dibujar. ¿........ dibujar un elefante aquí?
9. No .... tocar ningún instrumento, pero me gusta mucho la música y canto en un grupo.

14. Completa una ficha con tu información y otra con la información de un amigo, alguien de tu familia o alguien famoso. Si lo necesitas puedes buscar en internet.

Mi ficha

- Estudios:
- Experiencia profesional:
- Habilidades:
- Cualidades:

La ficha de ....

- Estudios:
- Experiencia profesional:
- Habilidades:
- Cualidades:

MÁS EJERCICIOS

SONIDOS Y LETRAS

89

15. Escucha y marca las pausas que oyes en estas frases.

1. Yo creo que soy bastante generoso, un poco tímido y muy tranquilo.
2. Para mí un compañero de trabajo tiene que ser organizado, responsable y también divertido.
3. Yo soy farmacéutico, pero ahora quiero cambiar de trabajo.
4. Yo puedo trabajar en una guardería, porque me gustan mucho los niños.

LÉXICO

16. ¿Qué cualidades son las más importantes para ti en estas personas?

Un buen padre / una buena madre es:

....
....
....
....
....
....
....

Un buen profesor es:

....
....
....
....
....
....
....
....

Un buen jefe tiene que ser:

....
....
....
....
....

Un compañero de trabajo tiene que ser:

....
....
....
....
....

Un compañero de viaje tiene que ser:

....
....
....
....
....

17. Haz una lista en tu cuaderno con las profesiones que aparecen en la unidad. Añade cinco más de personas de tu entorno.

18. ¿Puedes encontrar tres expresiones relacionadas con el amor? Luego, tradúcelas a tu lengua.

vista | a | alguien
alguien | enamorado/-a
a | primera | enamorarse
declararse | estar | de

1. ....
....

2. ....
....

3. ....
....

19. ¿Qué palabras corresponden a estas definiciones? Puedes buscarlas en la unidad.

a. persona que no tiene trabajo.
D.......................

b. reunión para conocer a un candidato a un puesto de trabajo. E.......................

c. persona que trabaja contigo. C.......................
de t.......................

d. tu superior en el trabajo. J.......................

e. documento con un resumen de tu experiencia y formación. C.......................

20. Mi vocabulario. Anota las palabras de la unidad que quieres recordar.

21. Hemos llegado al final del curso. Revisa la última actividad de todas las unidades de **Más ejercicios** y apunta aquí las palabras y expresiones más importantes que te llevas de este curso.

INFORMACIÓN ÚTIL

MAR CANTÁBRICO
FRANCIA
ASTURIAS
PAÍS VASCO
La Coruña / A Coruña
A CORUÑA
LUGO
Lugo
Oviedo
Santander
VIZCAYA
Bilbao / Bilbo
San Sebastián / Donostia
CANTABRIA
GUIPÚZCOA
Santiago de Compostela
GALICIA
LEÓN
León
Vitoria / Gasteiz
ÁLAVA
Pamplona / Iruña
ANDORRA
Pontevedra
PONTEVEDRA
Orense / Ourense
OURENSE
Burgos
Logroño
NAVARRA
HUESCA
Huesca
GIRONA
PALENCIA
Palencia
BURGOS
LA RIOJA
LLEIDA
CATALUÑA
Gerona / Girona
CASTILLA Y LEÓN
ZAMORA
Zamora
Valladolid
VALLADOLID
Soria
SORIA
Zaragoza
ZARAGOZA
Lérida / Lleida
BARCELONA
Barcelona
SEGOVIA
ARAGÓN
Tarragona
TARRAGONA
Salamanca
Segovia
GUADALAJARA
Guadalajara
TERUEL
Teruel
SALAMANCA
Ávila
ÁVILA
Madrid
MADRID
Cuenca
CASTELLÓN
Menorca
PORTUGAL
CÁCERES
Toledo
CUENCA
Castellón / Castelló
ISLAS BALEARES
Cáceres
TOLEDO
Valencia / València
Palma de Mallorca
Mallorca
CASTILLA-LA MANCHA
VALENCIA
EXTREMADURA
COMUNIDAD VALENCIANA
Ibiza / Eivissa
Badajoz
Mérida
Ciudad Real
Albacete
CIUDAD REAL
ALBACETE
ALICANTE
Formentera
BADAJOZ
Alicante / Alacant
CÓRDOBA
Córdoba
JAÉN
Jaén
Murcia
HUELVA
SEVILLA
Sevilla
MURCIA
GRANADA
Granada
ANDALUCÍA
ALMERÍA
MAR MEDITERRÁNEO
Huelva
MÁLAGA
Almería
OCÉANO ATLÁNTICO
Cádiz
Málaga
CÁDIZ
Ceuta
Melilla
CANARIAS
STA. CRUZ DE TENERIFE
La Palma
Lanzarote
Sta. Cruz de Tenerife
LAS PALMAS DE GRAN CANARIA
Gran Canaria
La Gomera
Fuerteventura
Tenerife
Las Palmas de Gran Canaria
El Hierro

¡BIENVENIDO A ESPAÑA!

Lee esta información útil para tu estancia en España.

Población e idiomas

España cuenta con una población de 47 millones de habitantes. El idioma oficial en toda España es el castellano o español. Son oficiales también, en sus respectivas comunidades autónomas: el catalán y valenciano (Cataluña, Islas Baleares y Comunidad Valenciana), el gallego (Galicia) y el vasco o euskera (País Vasco).

Horarios comerciales

Los comercios suelen abrir de lunes a viernes entre las 9.30 / 10 h hasta las 13:30 / 14 h y de 16:30 / 17 hasta las 20 / 20:30 h. Generalmente cierran los sábados por la tarde y los domingos. En las zonas turísticas y en el centro de las grandes ciudades no suelen cerrar hasta las 22 h y tampoco cierran a mediodía.Los restaurantes sirven comidas normalmente desde las 13:30 hasta las 16 h y cenas desde las 20:30 a las 23:30 h, aunque en los meses de verano suelen ser más flexibles en sus horarios. Los bares y cafeterías abren todo el día. Los bares de copas están abiertos hasta las 3 h de la madrugada. Las discotecas suelen estar abiertas desde medianoche hasta las 5 / 6 h de la mañana

Tasas e impuestos

El IVA (Impuesto sobre el Valor Añadido) grava la mayoría de artículos y servicios. Es normalmente de un 21 % sobre el valor del producto. En el precio de las etiquetas en las tiendas ya está incluido el IVA.

Salud

En caso de urgencias médicas se puede llamar al 061. Sin embargo, este número puede cambiar de una comunidad a otra.
Es recomendable viajar con un seguro médico a pesar de que existen acuerdos para asistencia sanitaria gratuita con la mayoría de los países miembros de la Unión Europea.
Las farmacias están abiertas de 9:30 a 14 h y de 16:30 a 20 h. Fuera de ese horario funcionan las farmacias de guardia, que están abiertas las 24 horas del día. Todas las farmacias exhiben la lista de las farmacias que están de guardia e indican la más cercana. La lista se publica también en los periódicos

Policía y asistencia al ciudadano

En la mayoría de las comunidades, el número de emergencia para la Policía Nacional es el 091, y para la policía municipal, el 092. Para cualquier tipo de emergencia existe un número de asistencia al ciudadano: es el 112.

Webs de interés

renfe.com (ferrocarriles)
aena.es (Aeropuertos Españoles y Navegación Aérea)
dgt.es (Dirección General de Tráfico)
correos.es (Correos)
eltiempo.es (información meteorológica)
rae.es (Real Academia Española de la Lengua)

Transporte

Para conducir en España es necesario tener 18 años. Para alquilar un coche, 21. Los conductores de países miembros de la UE, Suiza, Noruega, Islandia y Liechtenstein solo necesitan llevar el carné de conducir de su país.
Los conductores de otros países necesitan un permiso internacional de conducción.
Los aeropuertos con un mayor número de vuelos diarios son el de Barajas (en Madrid), el del Prat (en Barcelona), el de Palma de Mallorca y el de Málaga. Iberia, Vueling y Air Europa son compañías que ofrecen vuelos entre ciudades españolas.
Renfe es la compañía nacional de trenes en España. El AVE es el tren de alta velocidad y conecta las principales ciudades (Barcelona, Sevilla y Valencia) con Madrid.

Comunicaciones

Para llamar a España desde otro país, hay que marcar +34 (código de España) y, a continuación, un número de teléfono de 9 cifras. Para hacer llamadas internacionales desde España es necesario marcar 00 y, a continuación, el código del país y el número de teléfono. Para realizar llamadas dentro de España solo hay que marcar el número sin ningún prefijo. Este número siempre tiene 9 cifras, sea un teléfono fijo o un móvil.

EL CÓMIC DE AULA

UNIDAD 1: ENTRENANDO EL ESPAÑOL

UNIDAD 2: PLANES

UNIDAD 3: CUESTIÓN DE COSTUMBRES

UNIDAD 4: VÍCTIMA DE LA MODA

UNIDAD 5: GUSTOS

ME GUSTA MUCHO EL CLIMA DE ESPAÑA, ¡SIEMPRE HACE BUEN TIEMPO!

¡ME ENCANTA SU GASTRONOMÍA! ¡TODOS LOS PLATOS ESTÁN DELICIOSOS!

ME GUSTA SU GENTE, TODO EL MUNDO ES SIMPÁTICO Y DIVERTIDO.

EN MI PAÍS HACE FRÍO, SE COME MAL Y LA GENTE ES ABURRIDA...

... LO ECHO TANTO DE MENOS...

UNIDAD 6: LO NATURAL

UNIDAD 7: EL PRIMER TAPEO

¡HOLA! UNA CERVEZA, POR FAVOR.
AQUÍ TIENE...

DISCULPE, SOLO HE PEDIDO CERVEZA, NO COMIDA.
ES LA TAPA DE REGALO...

...AQUÍ ES COSTUMBRE. ¡BIENVENIDO A ESPAÑA!

¿!

...

¡TE QUIERO!

UNIDAD 8: INDICACIONES

SEGÚN MI MAPA, PARA LLEGAR A LA CATEDRAL TENEMOS QUE IR RECTO HASTA EL RÍO, LUEGO GIRAR A LA DERECHA Y ANDAR 400 METROS.
PERO MIRA ALLÍ...

¡NO TENGO TIEMPO PARA MIRAR ALLÍ! EL MAPA LO DICE CLARAMENTE: ¡NOS QUEDA MUCHO CAMINO POR DELANTE!

UNIDAD 9: IDIOMAS

ESTE AÑO QUIERO IR OTRA VEZ A JAPÓN, HE IDO YA CINCO VECES A PRACTICAR MI JAPONÉS ¿SABES?
ASÍ QUE...

...¿QUE SI SÉ HABLAR JAPONÉS? JA, JA, JA... BUENO, SÍ. PERO TAMBIÉN HABLO CHINO, INGLÉS, FRANCÉS .....
O SEA QUE...

¡YA SÉ LO QUE ESTÁS PENSANDO! "ESTE CHICO PUEDE HABLAR CON CUALQUIERA" LA VERDAD ES QUE PUEDO HABLAR EN UNOS CUANTOS IDIOMAS.

YA, YA VEO QUE SABES HABLAR EN MUCHOS IDIOMAS...

... ¿PERO SABES CONVERSAR EN ALGUNO?

CURSO DE ESPAÑOL NUEVA EDICIÓN

Autores: Jaime Corpas, Eva García, Agustín Garmendia

Coordinación pedagógica: Neus Sans

Coordinación editorial y redacción: Núria Murillo, Paco Riera

Diseño: Besada+Cukar

Maquetación: Besada+Cukar, Enric Font, Guillermo Bejarano

Ilustraciones: Alejandro Milà
excepto: Roger Zanni (págs. 24, 50, 55, 64, 77, 89, 96, 99, 101, 109, 113, 125, 139, 141, 152, 168, 170), Paco Riera (págs. 19 y 124), Man Carot (pág. 20)

Fotografías: Sandro Bedini
excepto: **agenda** pág. v Rhombur/Dreamstime, **unidad 0** pág. 8 Oscar García Ortega/Difusión, **unidad 1** pág. 10 orse/Wikimedia Commons, Ismael Villafranco/Flickr, Pedro Reina/Wikimedia Commons, Tomas Fano/Flickr, Elliot Moore/Flickr, Daniel Pérez, pág. 11 Fernando Tamarit, www.elsibaritasevillano.es, Nacho Viñau Ena/Flickr, TheAlieness GiselaGiardino/Flickr, Hanmon/Dreamstime, pág. 12 Huntstock/Photaki, pág. 13 Saul Tiff, Alexander Shalamov/Photaki, pág. 14 Vykkdraygo/Dreamstime, Dio5050/Dreamstime, Roberto Pirola/Dreamstime, Vasabii/Dreamstime, Greenland/Dreamstime, singladura.net, Rangizzz/Dreamstime, Marek Uliasz/Dreamstime, Lim Seng Kui/Dreamstime, Ijansempoi/Dreamstime, Victor Georgiev/Istockphoto, pág. 19 Núria Murillo, **unidad 2** págs. 22-23 Fotonoticias/Wireimages/Getty Images, Tamas/Dreamstime, Sixdun/Photaki, Davidmartyn/Dreamstime, David F. Gasser/Getty Images, Album/M. Flynn/Prisma, www.casadellibro.com, www.planetadelibros.com, Random House Mondadori, Alejandro Mantecón-Guillén/Wikimedia Commons, pág. 24 Oscar García Ortega/Difusion, horrapics/Flickr, Ingrampublishing/Photaki, Carmen Mora, Carlos Mora/Dreamstime, Francis Quintana/Photaki, pág. 27 Nuria Murillo, pág. 28 Wikimedia Commons, pág. 32 Manicblue/Dreamstime, Fredbro/Dreamstime, pág. 33 Jodielee/Dreamstime, lierman/Fotolia, **unidad 3** pág. 34 StockPhotoAstur/Dreamstime, Adolfo López/Photaki, Manuel Jesús Sánchez Galán/Photaki, Gary Yim/Istockphoto, pág. 35 Cvbr/Wikimedia Commons, pág. 37 Malias/Flickr, Eeliuth/Flickr, Fcb981/Wikimedia Commons, pág. 38 TausP/Flickr, Bruno Girin/Flickr, pág. 39 Trendscout/Flickr, Edans/Flickr, Adrián Santos/Flickr, Xanti Fakir/Flickr, Andrés García Martínez/Photaki, Iurii Davydov/Dreamstime, pág. 40 Francisco Díez/Flickr, pág. 42 Andrés Sánchez/Wikimedia Commons, Cristian Lazzari/Istockphoto, Fabrizio Mariani/Dreamstime, págs. 44-45 Conde/Dreamstime, turismo.sustentabilidad.mx, www.svdreamtime.com, Anouchka Unel/Wikimedia Commons, Salvador Aznar/Photaki, Gindelis/Wikimedia Commons, **unidad 4** págs. 46-47 Daniel Pérez, pág. 48 www.callatelaboca.com, pág. 51 Carolina García Aranda/Dreamstime, pág. 54 Cristi180884/Dreamstime, Irogova/Dreamstime, Maria Mitrofanova/Dreamstime, Hunk/Dreamstime, Ruslan Kudrin/Dreamstime, Charlieaja/Dreamstime, Hini/Flickr, Reservas de coches/Flickr, El coleccionista de instantes/Flickr, pág. 56 Grupo Cortefiel, Inditex, pág. 57 Mango, **unidad 5** pág. 60 Jordi Vidal/Getty Images, pág. 66 Harold Cunningham/Getty Images, págs. 68-69 Heineken Jazzaldia, Mark Seliger/Heineken Jazzaldia, Antonio Acedo/Bienal de Flamenco, Pablo Blázquez Domínguez/Wireimage/Getty Images, Rafael Tovar/Flickr, **unidad 6** págs. 70-71 Pablo Blanes/Photaki, Miguel Higueras, Neus Molina, pág. 72 kataijudit/Fotolia, Diego Vito Cervo/Dreamstime, Gokcen Cidam/Dreamstime, Riccardo Piccinini/Fotolia, pág. 73 Quino/Editorial Lumen, pág. 74 Arjan Richter/Flickr, Luis Jiménez/Flickr, Darío Álvarez/Flickr, pág. 78 Mangostock/Dreamstime, pág. 81 Tolo Balaguer Rotger/Photaki **unidad 7** pág. 84 Efesan/Dreamstime, Giuseppe Porzani/Fotolia, Juan Moyano/Dreamstime, imstock/Fotolia, Juan Moyano/Dreamstime, pág. 91 avlxyz/Flickr, leoglenn/Flickr, zordor/Flickr, Akaitz Echeverria Abad/Photaki, págs. 92-93 Rafer/Flickr, avlxyz/Flickr, kinwart/Flickr, caracasapie/Flickr, Chepe Leña/Flickr, ricardodiaz11/Flickr, Go!PymesFotos/Flickr, Michelepautasso/Dreamstime, Núria Murillo **unidad 8** pág. 94 Archivo Gijón Turismo, pág. 97 PictFactory/Flickr, Jordi Payà/Flickr, juantiagues/Flickr, pág. 98 Lunamarina/Dreamstime, vvoe/Fotolia, Juanjo López Seoane/Photaki, Anselmo López Zaldúa/Photaki, pág. 102 Camilo Rueda López/Flickr, francovolpato/Fotolia, Saul Tiff, Juanmonino/Istockphoto, pág. 105 Turismo de Pamplona, **unidad 9** pág. 110 BreAnn/deviantart, pág. 115 Dennis Dolkens/Dreamstime, págs. 116-117 Miguel Higueras, toprural/Flickr, Mareval/Photaki, **MÁS EJERCICIOS** pág. 120 Yuri Arcurs/Photaki, Katia26/Dreamstime, pág. 121 elcronistadigital.com, www.diariodenavarra.es, COVER Agencia de fotografía, www.fpa.es, pág. 124 treenabeena/Fotolia, pág. 138 Monika3stepsahead/Dreamstime, Evaletova/Dreamstime, Badahos/Dreamstime, pág. 151 Saul Tiff, pág. 156 Saul Tiff, pág. 159 Olaf Speier/Dreamstime, Ukrphoto/Dreamstime, pág. 166 Daniel Pérez

Locuciones: Moritz Alber, Séverine Battais, Antonio Béjar, Caro, Celina Bordino, Ginebra Caballero, Iñaki Calvo, Barbara Ceruti, César Colorado, Ludovica Colussi, Mª Isabel Cruz, Álex Esteve, Asunción Forners, Gibson Garcia, Guillermo García, Agustín Garmendia, Pablo Garrido, Laura Gómez, Olatz Larrea, Javier Llano, Eva Llorens, Luis Luján, Emilio Marill, Lynne Martí, Xavier Miralles, Carmen Mora, Edith Moreno, Núria Murillo, Lourdes Muñiz, Amaya Núñez, Or Ohad, Begoña Pavón, Eduardo Pedroche, Jorge Peña, Hila Pickman, Veronika Plainer, Javier Príncep, Raquel Ramal, Paco Riera, Israel Rivero, Juan José Surace, Lisandro Vela, David Velasco, Nuria Viu, Detlev Wagner, Yanaida Yadaleki

Asesores de la nueva edición: José Luis Álvarez Cabanillas (Escuela Clic Sevilla), Agnès Berja (BCN Languages, Barcelona), Yolanda Domínguez (Centro de Idiomas de la Universidad de Málaga), Jesús Fernández (Escuela Carmen de las Cuevas, Granada), Laura Guerra (Escuela Inhispania, Madrid), Rosana Paz (Universidad de Santiago), María Jesús Sánchez Consuegra (Escuela Madrid Plus), Carmen Soriano (International House Barcelona)

Agradecimientos: Pablo Garrido, Alba Vilches, Escuela Camino Barcelona, Cristina Callejo, Cállate la boca

ISBN: 978-84-15640-06-6
Depósito legal: B 9453-2013
Impreso en España por Jomagar
Reimpresión: noviembre 2016

C/ Trafalgar, 10, entlo. 1ª
08010 Barcelona
Tel. (+34) 93 268 03 00
Fax (+34) 93 310 33 40
editorial@difusion.com

www.difusion.com